教育部人文社会科学重点研究基地
清华大学技术创新研究中心

CSSCI集刊

创新与创业管理

（第25辑）

Management of Innovation and Entrepreneurship

陈　劲　主编

科学出版社
北　京

内 容 简 介

“创新与创业管理”是由教育部人文社会科学重点研究基地——清华大学技术创新研究中心组编的学术集刊。本集刊主要刊载创新与创业管理领域内高质量的学术论文，包括理论探讨、实证分析、案例解读、调查报告、文献综述及评论。

本专辑共收录了9篇文章，研究主题涉及：消费者感知品牌典型性、品牌创新性与品牌信誉对创新产品采纳的影响；创新政策对创新提质的促进作用；《非对称竞争：应对中国科技竞争的战略》报告的中国启示；创新承诺对越轨创新行为的影响；绿色先动导向对企业绩效的影响；社会资本对失败再创业的影响；社会网络理论视角下沟通能力对女性创业绩效的影响；新型研发机构的有组织研发模式；后发企业如何实现颠覆。

图书在版编目（CIP）数据

创新与创业管理. 第25辑 / 陈劲主编. —北京：科学出版社，2021.10

ISBN 978-7-03-069353-2

Ⅰ. ①创… Ⅱ. ①陈… Ⅲ. ①企业管理-文集 Ⅳ. ①F272-53

中国版本图书馆CIP数据核字（2021）第136124号

责任编辑：郝 悦 / 责任校对：宁辉彩

责任印制：张 伟 / 封面设计：无极书装

科学出版社 出版

北京东黄城根北街16号

邮政编码：100717

http://www.sciencep.com

北京凌奇印刷有限责任公司 印刷

科学出版社发行 各地新华书店经销

*

2021年10月第 一 版 开本：787×1092 1/16

2022年 9 月第二次印刷 印张：8 3/4

字数：207 000

定价：118.00元

（如有印装质量问题，我社负责调换）

编 委 会

目录 CONTENTS

消费者感知品牌典型性、品牌创新性与品牌信誉对创新产品采纳的影响

周小寒[1]，于春玲[1]，吴漪[2]

（1.清华大学 经济管理学院，北京 100084；2.华东师范大学 经济与管理学部 亚欧商学院，上海 200062）

摘要：为探索品牌感知对消费者创新产品采纳的影响，在已有品牌与创新关系研究的基础上，构建了包含品牌典型性、品牌创新性、品牌信誉、产品创新程度和创新产品采纳意愿的理论模型，利用结构方程模型进行实证分析。结果表明：品牌典型性、品牌创新性和品牌信誉对创新产品采纳具有积极的直接促进作用；品牌典型性和品牌创新性通过对品牌信誉的创建对创新产品采纳产生积极的间接促进作用；品牌典型性和品牌创新性对品牌信誉的创建路径不同，品牌典型性更能显著促进品牌信誉子纬度的品牌可信度，而品牌创新性更能促进品牌信誉子纬度的品牌好感度；品牌典型性对渐进创新（相比于重大创新）采纳意愿的总效应更高，而品牌创新性对重大创新（相比于渐进创新）采纳意愿的总效应更高。

关键词：品牌典型性；品牌创新性；品牌信誉；消费者创新产品采纳

中图分类号：**F273.2**　　**文献标识码**：**A**

1　文献综述

创新是企业活动的产出，而创新产品是指企业活动产出的创新是具体的产品[1]。成功的创新产品可以为企业树立市场领导者形象，建立竞争者进入壁垒，为企业带来持续的优势和收益[2]。虽然大多数公司都积极发布新产品[3]，然而大部分新产品都无法实现企业的预期目

作者简介：周小寒（1994—），女，四川遂宁人，西蒙顾和管理咨询公司高级顾问、研究员，清华大学经济管理学院博士，研究方向为品牌创新与创新定价战略；于春玲（1970—），女，内蒙古呼伦贝尔人，清华大学经济管理学院营销系副教授，博士生导师，博士，研究方向为战略品牌管理；吴漪（1990—），女，安徽池州人，华东师范大学经济与管理学部亚欧商学院晨晖学者，讲师，博士，研究方向为品牌与消费者行为。

标[4]。不被市场接受的创新注定失败，这需要学者在市场研究领域识别那些能提高消费者创新产品采纳的因素[5, 6]。

消费者对新产品的采纳不仅取决于产品技术上的创新[7]，在很多情况下更取决于消费者如何感知推出创新产品的品牌。创新产品的感知价值脱离不了品牌背景，消费者在评价产品时都会有意识或无意识地代入品牌知识。比如，HTC公司（High Technology Computer Corporation，宏达国际电子股份有限公司）和三星集团同样采用了最新的安卓操作系统开发其智能手机，且两个品牌的产品在创新特征和功能上几乎没有差异,可三星的智能手机会被认为比HTC的智能手机更加具有创新性。品牌能赋予先进技术独特的意义，让消费者感知到创新产品的特殊价值[8]。McCracken[9]指出，虽然在技术专家眼中安卓系统的技术创新性高于iOS系统，但在消费者视角下苹果的iPad却是具创新性的平板电脑产品。创新是苹果公司的重要品牌联想，消费者对苹果旗下产品的感知来源远超出其客观技术本身。苹果对创新信息的表达和呈现有自己的语言，它成功结合了技术和非技术因素去创造创新产品的形象[10]。因此，管理者需要从品牌层面以更广泛、更全面的视角去看待消费者对创新产品的感知和采纳行为。

在创新产品的生命周期中，品牌不仅为创新产品的研发提供战略指导，也能为创新产品的市场采纳提供支持与保护，而成功或失败的创新又能反哺品牌。品牌是消费者判断创新产品所凭借的线索，也是降低创新感知风险的有效信息。虽然已有文献从品牌强度[11]和品牌资产[12]角度出发，探讨了质量不同和资产大小不同的品牌推出的不同的创新如何助益品牌增长。但是在创新领域，对品牌与创新间关系的研究相对不足，需要研究者积极探索品牌在创新产品采纳中发挥的不同作用[13]。因此，在创新产品采纳的研究中加入品牌的视角非常必要。

本文提出，品牌典型性、品牌创新性和品牌信誉这三个消费者品牌感知变量会同时影响消费者创新产品采纳。品牌典型性影响着消费者对创新产品的类别图示认知[14]，品牌创新性则是消费者感知到的品牌在某个产品市场过去创新投入的程度和未来持续创新的潜力[10]。创新的成功要求品牌清楚地知道自己所在产品类别领域品牌和创新间联想的关键因素，而感知品牌典型性和感知品牌创新性就是影响消费者对创新产品感知的重要特征。同时，品牌信誉是消费者对品牌的信念，是消费者相信品牌能满足自身需求和欲求的程度[13]。品牌信誉能在消费者面对风险和不确定性时提供有效的信息[15]，因此，购买一个有信誉的品牌的创新也能坚定消费者对新产品的信心。

本文认为，消费者依据过去的品牌经历所感知到的品牌典型性、品牌创新性和品牌信誉将共同促进对创新产品的采纳意愿。本文围绕该主题设计了实证研究，将这三个品牌变量放在同一框架下去探索并回答以下问题：①品牌典型性、品牌创新性和品牌信誉对创新产品采纳是否有着积极的促进作用；②品牌典型性和品牌创新性对品牌信誉的创建是否也发挥着作用；③品牌典型性和品牌创新性对品牌信誉的创建路径是否不同；④品牌典型性和品牌创新性对创新产品采纳的作用在重大创新产品和渐进创新产品中是否存在差异。本文旨在为品牌推出创新产品时所发挥的重要作用及其路径机制增添新的理解和启示。

2 文献回顾

2.1 品牌与创新产品采纳

消费者对创新产品的采纳意愿受感知产品利益和感知不确定性的影响。创新对产品的改造可能预示着全新的体验和利益，标志着产品未来的形态和发展方向，但创新也使得新产品偏离消费者心智中已建立起的对现有产品类别的认知图示[16]。在更大程度上超出消费者常规期望的重大创新产品与人们产品类别认知中的原型产品相比更加不一致，导致消费者会更加低估重大创新产品的实际价值和吸引力，造成产品利益的理解困难和负担[17]。重大创新给消费者增加的认知挑战加剧了消费者面对创新时所感知到的不确定性和风险，这又进一步降低了消费者的产品采纳意愿[18-20]。

创新产品的推出离不开品牌，企业会赋予新产品品牌，并将其提供给市场中的消费者。品牌是消费者感知创新产品的关键线索，品牌在新产品引入市场的早期和后续市场的采纳行为中都发挥着重要作用[13]。Gill 和 Lei[11]发现，不同质量的品牌推出不同的创新产品所获收益不同。低质量品牌的新产品提供与基本产品功能目标一致的新特征能获得更高增长，因为对弱品牌而言，创新产品加入与基本产品功能目标一致的特征会让消费者关注到产品利益的增加；高质量品牌则通过推出包含与基本产品功能目标不一致的创新特征的新产品来获得消费者支付意愿的更高的增长，因为对强品牌而言，加入与基本产品功能目标不一致的创新特征虽然在一定程度上提高了产品的不确定性，但在强品牌的品牌保护和背书下，强品牌依旧能让消费者继续关注产品的利益，而弱品牌没有这种品牌效应。品牌强度也能有效提高新产品的试用概率[21]，影响着消费者对新产品的质量感知[22]。另外，品牌资产对创新产品的采纳也有重要意义，Gammoh 等[12]发现，高资产品牌相较低资产品牌而言，不管是推出高创新程度的非连续创新产品还是低创新程度的连续创新产品都能获得更加积极的消费者评价。

消费者的创新产品采纳意愿受到感知产品利益和不确定性的影响，而品牌作为消费者理解和判断创新产品的重要信息，能增强消费者对产品利益的信心，同时能有效缓解创新的不确定性并降低新产品的感知风险。消费者对品牌的感知会显著影响创新产品采纳。本文认为品牌典型性、品牌创新性和品牌信誉在很大程度上左右了消费者对创新产品的感知和最终购买决策。

2.2 品牌典型性与创新产品采纳

品牌典型性是指品牌能代表所在产品类别的程度[14]。消费者围绕典型品牌激发的有关产品类别的联想来处理和组织新信息，将典型品牌视为产品品类诊断的认知参考[23]。品牌延伸的研究表明品牌典型性对不一致延伸产品的评价和采纳具有负面作用[24, 25]。典型品牌和新产品之间的感知一致性越高，消费者对品牌的认识和偏好才能越容易转移到新产品上并使之获益[26]。

Milberg 等[27]指出，产品延伸的相关研究都放大了品牌和延伸产品间感知不一致性的负面作用，忽视了新产品采纳过程中消费者对风险的感知。创新领域的研究重点关注感知风险和不确定性对消费者创新产品采纳的负面影响[28]，发现品牌典型性对创新产品的采纳具有正向作用。风险让消费者变得更加保守，喜欢将事物控制在熟悉的范围内。作为被消费者所熟知的品牌，典型品牌是判断创新产品风险大小的重要线索，能激发创新产品和品牌间的积极联想[26, 29]。

Geodertier 等[14]的研究表明，不管是近距离还是远距离的创新产品延伸，品牌典型性都提高了消费者对创新产品的采纳意愿。典型品牌能有效降低消费者对创新产品的感知风险，而降低产品感知风险的正面促进作用战胜了延伸不一致性的负面作用。Bagga 等[30]发现，虽然典型品牌推出的创新产品会让消费者感知到更强烈的产品类别图式偏离，但典型品牌推出的创新产品更能预示产品未来的方向，会强化消费者心中产品创新特征的重要性，进而降低竞争品牌的典型性感知。可以看到，典型品牌推出创新产品的优势相较竞争品牌而言是独特且突出的，品牌典型性对创新产品的采纳有着促进作用。

2.3　品牌创新性与创新产品采纳

基于消费者视角，Shams 等[10]将品牌创新性定义为消费者感知到的品牌在某特定市场上过去创新活动的轨迹和未来能持续产出创新活动的潜力。品牌创新性来源于消费者的主观感知，一个创新的品牌需要紧密关注其目标市场。品牌可以被一群消费者感知到创新，同时却让其他消费者无法建立该品牌与创新的联系。消费者对品牌创新性的感知要求品牌的形象和特征保持稳定，品牌的创新投入和产出需要历史行为的一致性[31]。品牌创新性是时间沉淀后被证实的能力，需要企业花费时间去打造。

在创新的不确定性下，企业宣传品牌的创新性能潜在影响消费者行为[32]。品牌创新性能作为产品质量的判断信号，是降低风险的信息线索[33]。同时在情感上品牌创新性也能积极影响消费者对创新的采纳。一个创新的品牌能给消费者惊奇感，让他们感到眼前一亮。创新品牌的品牌个性多是兴奋的，在消费者心智中往往与大胆、生机勃勃、有想象力等积极的正面联想强相关[34]。Woods 和 Moreau[35]指出，消费者采纳创新产品可能是情感诱发的，与产品的净效用完全无关。

2.4　品牌信誉与创新产品采纳

品牌信誉代表了消费者对品牌具有的感知信念，这个信念让消费者相信该品牌有能力和意愿持续做出和履行承诺以满足消费者[33]。对消费者来说，购买一个有信誉的品牌的新产品保证了所获得产品的质量；对公司而言，一个有信誉的品牌意味着公司对营销活动的投入能产生更高的效益[15]。品牌信誉包含三个部分：品牌专家性、品牌可信度和品牌好感度[13]。专家性是指品牌实现消费者承诺的能力，可信度是指品牌履行对消费者承诺的意愿以及真诚关心消费者的需求和利益，好感度是指消费者愿意花时间与品牌共处来体验品牌承诺的实现。也就是说，品牌信誉测量了消费者认为品牌是否真的擅长它所做的事情，是否关心它的消费者以及是否受消费者喜爱和欢迎。消费者对企业品牌信誉的感知源于品牌过去所有营销活动的累积，是长时间里品牌与消费者之间沟通和关系建立的总和[36]。

在消费者面对无法预知产品购买决策结果的不确定性时，品牌信誉可以通过提高产品感知质量，降低感知风险和信息收集、处理成本来积极影响消费者的产品购买行为[15, 33, 37]。品牌信誉能增强消费者在选择产品时对目标品牌的信心。因此，品牌信誉的重要内涵和意义让本文推断品牌信誉和品牌典型性、品牌创新性一样能显著促进消费者创新产品采纳，且品牌典型性和品牌创新性对品牌信誉的建立发挥着作用。

3 研究假设与理论模型

本文围绕影响消费者创新产品采纳的三个品牌感知变量——品牌典型性、品牌创新性和品牌信誉，探讨它们对消费者创新采纳意愿的共同作用。

3.1 品牌典型性、品牌创新性和品牌信誉对创新产品采纳的直接影响

品牌典型性是指品牌能代表品牌所属的某个产品类别的程度[14]。品牌典型性的重要特征是它与产品类别紧密相连，是产品类别图示的一部分。典型品牌推出的创新虽然也会改变已有产品的类别特征或属性，但典型品牌代表着产品类别的“原型”，典型品牌发布的创新产品更可能预示着产品未来的走向[30]，减少消费者对创新的不确定和风险感知。

虽然很多文献发现品牌典型性对不一致的“远距离”延伸产品有负面影响，但该负面效用是存在于跨类别的新产品中的[24-26]。如果典型品牌是在自己最能代表的产品类别中产出创新并改变该产品类别内的产品特征，那么可以推断典型品牌与产品类别间强有力的联想能积极转移到创新产品上。典型品牌更被消费者熟知，能作为抵御风险的重要线索，有效降低消费者对创新的风险感知[14, 26, 29]，从而为创新产品的采纳提供积极作用。因此，品牌典型性对消费者创新产品采纳意愿存在直接影响。本文提出如下假设。

H1：品牌典型性对创新产品采纳意愿存在正向促进作用。

品牌创新性是指消费者感知到的品牌在某个产品市场中过去创新投入的程度和未来进行持续创新活动的潜力[10]。可以看到，品牌创新性也是聚焦在某个具体的产品类别上的。许多品牌自称自己是创新品牌，将创新性作为自己的品牌个性或用于品牌定位以获取市场优势。

高创新性品牌的建立是过去持续投入的所有创新活动的累积，消费者对品牌的创新路径有着明确的感受和体会，相信品牌有不断提供创新的能力和潜力，因此创新品牌的创新更能抵御消费者对不确定性的感知风险[38]。品牌创新性能作为产品质量的判断信号，是降低风险的信息线索，在情感上也能积极影响消费者创新产品采纳。消费者对创新品牌产生的更正面

的情感使得他们对创新品牌推出的新产品都持有乐观肯定的态度[39]。因此，品牌创新性对消费者创新产品采纳意愿存在直接影响。本文提出如下假设。

H2：品牌创新性对创新产品采纳意愿存在正向促进作用。

品牌信誉是消费者对品牌的信念，能在消费者面对风险和不确定性时提供有效的信息线索[13]。品牌信誉包含的三个部分——品牌专家性、品牌可信度和品牌好感度，都能引发消费者对品牌所提供新产品的信任。专家性高的品牌更能让消费者相信创新产品的实际表现是有保证的，可信度高的品牌更让消费者相信品牌真的期望通过创新为消费者带来价值。因此，专家性和可信度能从品牌的创新能力和意愿上降低消费者的感知风险，增强对创新价值的理解。好感度高的品牌更能让人喜欢。研究发现，更积极的情绪能提高消费者对创新产品的评价[16]。可以推断，消费者对品牌的积极态度从情感上也能促进他们对创新产品的偏好。因此，品牌信誉对消费者创新产品采纳意愿存在直接影响。本文提出如下假设。

H3：品牌信誉对创新产品采纳意愿存在正向促进作用。

H3a：品牌专家性对创新产品采纳意愿存在正向促进作用。

H3b：品牌可信度对创新产品采纳意愿存在正向促进作用。

H3c：品牌好感度对创新产品采纳意愿存在正向促进作用。

3.2 品牌典型性、品牌创新性对品牌信誉的直接影响

品牌典型性和品牌创新性应该是创建品牌信誉的有效来源。

典型品牌代表了消费者对产品品类的认识。典型品牌在特定产品市场的营销轨迹能让消费者感受到品牌表现是一致和清晰的，消费者相信该品牌能持续满足自身需求。因此典型品牌在自己所能代表的产品领域中具有品牌信誉，品牌对某个品类越具代表性，它在该产品类别中能赢得的品牌信誉就越高。典型品牌对所代表产品类别的市场活动的投入更能让顾客感受到品牌有诚恳的意愿为消费者持续创造价值，对品类的专注让人更觉得信赖。同时典型品牌是为消费者所熟知的品牌，人们对熟悉的事物也更有好感。

虽然消费者认为典型品牌更加可靠，人们也相信典型品牌具有满足消费者的能力，然而典型品牌不一定是市场上最有能力的品牌。Broniarczyk 和 Gershoff[40]发现，消费者虽然认为沃尔玛是零售超市的典型品牌，但其他非典型品牌如 L. L. Bean 有更高的品牌资产，更有潜力成为市场领导品牌。同样 Bagga 等[30]提到保时捷并不能称为豪华汽车领域的典型品牌，但是与被视为典型品牌的奔驰相比保时捷让人感到更加专业。典型品牌在专家性感知上与可信度相比并不突出。因此，品牌典型性对品牌信誉存在直接影响。本文提出如下假设。

H4：品牌典型性对品牌信誉存在正向促进作用。

H4a：品牌典型性对品牌专家性存在正向促进作用。

H4b：品牌典型性对品牌可信度存在正向促进作用。

H4c：品牌典型性对品牌好感度存在正向促进作用。

H4d：品牌典型性对品牌可信度的正向促进作用更大。

创新品牌能持续提出新颖且独特的想法，给消费者带来惊奇感，让他们感到眼前一亮[10]。创新品牌会引起消费者强烈、正面、积极的品牌联想[34]，对创新活动的投入轨迹和未来创新的潜力加强了消费者对品牌的信念，品牌创新性能正向促进品牌信誉的三个维度[41]。创新品牌让人们相信它有能力并擅长提供满足消费者需求的产品，关注顾客的利益并且让人喜欢。品牌创新性对品牌专家性感知的正向促进作用更大[41]。Brexendorf 等[13]也指出，品牌创新性对品牌信誉的影响可能更取决于品牌的能力和产品质量保障。另外，创新性能有效刺激消费者的兴奋感，创新品牌也与激动、愉悦等积极情绪高度相关[31, 34]，这促使品牌创新性对品牌好感度具有很高的正向作用。因此，品牌创新性对品牌信誉存在直接影响。本文提出如下假设。

H5：品牌创新性对品牌信誉存在正向促进作用。

H5a：品牌创新性对品牌专家性存在正向促进作用。

H5b：品牌创新性对品牌可信度存在正向促进作用。

H5c：品牌创新性对品牌好感度存在正向促进作用。

H5d：品牌创新性对品牌专家性和品牌好感度的正向促进作用更大。

3.3 产品创新程度对品牌典型性、品牌创新性效应的调节作用

创新产品根据消费者感知产品创新性程度可以划分为重大创新和渐进创新。重大创新的技术变化和产品改造程度更高，提高了人们的认知负担并加剧了消费者心智中已建立的产品类别图示不一致程度。本文认为，品牌典型性和品牌创新性对重大创新与渐进创新的产品购买意愿的促进作用会有差异。

品牌典型性虽然能总体提升消费者创新产品采纳意愿，但典型品牌在推出与现有产品类别更一致的新产品时才能更大程度上发挥品牌与产品间联系的优势，赢得消费者偏好[26, 42]。当推出的创新产品与现有产品类别特别不一致时，品牌典型性的积极作用会减弱。另外，消费者在面对不确定性很高的重大创新产品时，典型品牌带来的熟悉感和可靠性对外部风险的抵御作用是有限的。因此本文认为，典型品牌推出渐进创新产品时对消费者创新产品采纳意愿的正向促进作用更高。

然而品牌创新性在不确定性很高的情境下应该能赋予产品更多的支持。Barone 和 Jewell[43]发现，被视为创新的品牌获得了创新“执照”，拥有创新“执照”的品牌让企业可以成功实施偏离和违背类别规范的营销活动。也就是说，如果品牌的创新性很高，那么品牌将有机会在更广的范围实施创新策略，因此创新品牌对更加偏离产品类别图示的重大创新有着更强的保护和背书。同时消费者对有能力的品牌的创新预期更高，这些品牌推出不连续的创新被消费者视为理所当然[11, 12]。本文推断，品牌创新性对重大创新产品的消费者采纳意愿的正向促进作用更高。因此，对于创新程度不同的产品，品牌典型性和品牌创新性对消费者采纳的影响效应不同。本文提出如下假设。

H6：相较于重大创新，品牌典型性对创新产品采纳意愿的总效应在渐进创新情境下体现得更高。

H7：相较于渐进创新，品牌创新性对创新产品采纳意愿的总效应在重大创新情境下体现得更高。

综上所述，本文的理论模型如图1所示。

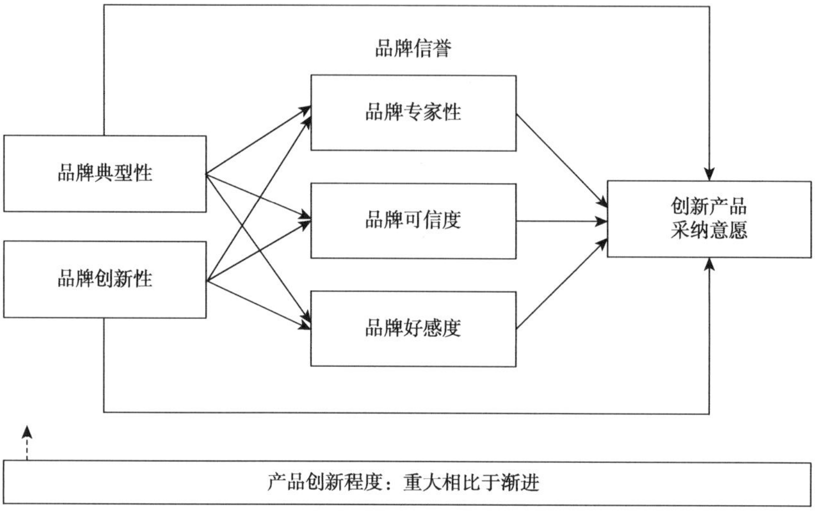

图1 本文的理论模型

4 研究方法

本文使用问卷调查法来获取一手数据并使用结构方程模型验证假设。

4.1 品牌选取与问卷设计

根据已有研究，本文选取了手机行业作为研究对象[1, 10, 31, 44]，因为：①行业内有丰富且为消费者熟知的品牌；②手机与消费者间具有很强的个人相关性，产品使用频率高；③不同手机品牌的感知典型性和创新性具有差异；④行业技术革新快，创新频率高。

本文通过某在线调研平台开展了一项预调查，其目的是：①识别被消费者感知为高典型和高创新性的手机品牌；②统计所有能被消费者回忆的手机品牌；③了解消费者对未来手机产品创新的想象和期待。结果表明，75.9%的被访者能回忆起6个及以上的手机品牌，33.3%的被访者能回忆起8个以上的手机品牌，不同手机品牌的感知品牌典型性和创新性不同。其中，华为的感知品牌典型性和品牌创新性都非常高，小米和苹果被认为是具有一定典型性和创新性的品牌，而OPPO和VIVO的感知品牌典型性和品牌创新性都较低。除了上述5个手机品牌，三星、魅族和诺基亚是其他回忆频率较高的品牌。考虑到品牌典型性和创新性的差异以及国产品牌和非国产品牌的均匀分布，本文最后选取了以下 6 个手机品牌作为研究对象：华为、小米、VIVO（国产手机品牌）和苹果、三星、诺基亚（非国产手机品牌）。

结合预调查中消费者关于未来创新手机的想象和科技资讯网站的相关报道，本文设计了“皮肤触控手环”作为重大创新产品，设计了“环绕一体屏”手机作为渐进创新产品。围绕前述 6 个手机品牌和这 2 种创新程度不同的产品，本文共设计了 12 个版本的问卷。最终问卷一共包括四个部分。第一部分放置了被测试品牌的品牌标志图片，被访者需要识别并选择品牌标志图片所对应的品牌。被访者只有正确地选择了品牌标志所对应的品牌后才能正式进入后面的问答，若消费者选择的品牌与所显示的品牌标志图片不匹配，则会自动跳转到问卷结束页，回答被视为无效。放置品牌标志图片的目的是：①激发被访者对目标品牌更丰富的联想；②确保被访者熟悉目标品牌；③确保被访者认真参与此次调研。问卷的第二部分是对与品牌标志图片所对应的品牌的典型性、创新性和品牌信誉的测量，共计 22 个测项。在问卷的第三部分，被访者会随机阅读该品牌推出的重大创新或渐进创新产品的描述和图片信息，随后将报告对该创新产品的采纳意愿和创新程度感知，并回答品牌熟悉度的相关问题。问卷的第四部分是被访者的背景信息和人口统计题项。

4.2 变量测量与样本收集

本文理论模型中涉及的构念均采用有文献支持的 7 级量表测量。品牌典型性的测量参考了 Goedertier 等[14]使用的 3 个测项。品牌创新性的测量源自 Shams 等[10]开发的量表，包含 10 个测项。品牌信誉的测量使用了 Brexendorf 等[13]提出的涵盖三个子维度的 9 个测项。创新产品采纳意愿和产品创新程度的测量都参考了 Ma 等[45]的研究。产品创新程度最终按哑变量处理。

本文通过某互联网调研平台向被试发放问卷，目标回收总数设为 600 份，6 个品牌每个 100 份，每个品牌每类创新产品 50 份。被访者完成被随机分配的问卷后会获得一定的报酬以提高参与积极性。为确保答卷的质量，招募的被访者条件被设定为本科及本科学历以上，一线城市消费者优先。不能正确识别品牌标志图片所呈现的品牌的问卷和答题时间低于 90 秒的问卷被视为无效问卷，予以剔除。最终回收有效问卷 533 份，有效率为 88.83%，有效问卷平均作答时间为 158.2 秒。其中，男性被访者 284 人，占比 53.28%；女性被访者 249 人，占比 46.72%；被访者平均年龄 25.1 岁；67.92%的被访者个人月收入在 5000 元以上，28.14%的被访者个人月收入在 10 000 元以上；拥有大学本科及以上学历的受访者为 477 人，占比 89.49%；121 名被访者是在校学生，占比 22.70%。每个品牌产品的问卷数量分别为华为 93 份、小米 91 份、VIVO 85 份、苹果 98 份、三星 87 份、诺基亚 79 份，平均为 88.8 份。

4.3 信效度与相关性分析

本文的问卷均采用已有研究开发和使用过的成熟量表，内容效度得以验证。信效度指标结果见表 1 和表 2。潜变量的 Cronbach's α 系数（克龙巴赫 α 系数）均在 0.80 以上，信度良好。验证性因子分析的结果表明模型拟合度合理。各测项的标准化因子载荷值均大于 0.50 且小于 1，对应 t 值也都高于 1.96，潜变量的组合信度（composite reliability，CR）均大于 0.70，平均方差提取值（average variance extracted，AVE）均大于 0.60，表明测量模型具有良好的建构效度和收敛效度。另外，各变量的 AVE 都高于该变量与其他变量的相关系数平方，说明区分效度良好。

表 1　变量的信效度和模型拟合指数

变量		题项	标准化因子载荷	t 值	Cronbach's α 系数	CR
品牌典型性		如果要定义“手机”，X 品牌是一个很好的象征	0.94	—	0.924	0.925
		X 品牌是能代表“手机”这个产品类别的品牌	0.85	29.83		
		X 品牌是“手机”产品中的典型品牌	0.89	33.06		
品牌创新性		X 品牌在手机市场上与其他品牌相比与众不同	0.68	—	0.960	0.961
		X 品牌围绕手机产品保持着动态变化	0.70	15.38		
		X 品牌是一个尖端的手机品牌	0.75	16.30		
		X 品牌的手机产品让我感到眼前一亮	0.90	19.12		
		X 品牌发布的新产品总能引领手机的产品趋势	0.92	19.57		
		在手机市场，X 品牌是一个创新的品牌	0.91	19.32		
		X 品牌推出的手机总有出众的设计	0.90	19.17		
		X 品牌围绕手机产品不断产生着新的想法	0.91	19.41		
		X 品牌在手机市场是新产品的领跑者	0.91	19.33		
		X 品牌的手机产品改变着手机市场	0.81	17.46		
品牌信誉	品牌专家性	X 品牌是有能力的品牌	0.86	—	0.915	0.915
		X 品牌是创新的品牌	0.90	26.98		
		X 品牌是市场领导者品牌	0.90	26.81		
	品牌可信度	X 品牌是诚实的品牌	0.83	—	0.878	0.877
		X 品牌是值得信赖的品牌	0.87	22.88		
		X 品牌一直把用户的利益放在心里	0.82	21.42		
	品牌好感度	X 品牌是好玩的品牌	0.91	—	0.932	0.934
		X 品牌是有趣的品牌	0.94	35.45		
		X 品牌是值得消费者与之共度时光的品牌	0.87	30.11		
创新产品采纳意愿		您对购买 X 品牌的这款新产品有多大兴趣	0.90	—	0.878	0.878
		您购买 X 品牌的这款新产品的可能性有多高	0.87	22.99		

模型拟合指数：χ^2=903.489，χ^2/df=2.397；SRMR=0.034，RMSEA=0.051；NFI=0.944，RFI=0.935，IFI=0.967，CFI=0.966

注：SRMR（standardized root mean square residual）指标准化均方根残差；RMSEA（root mean square error of approximation）指近似均方根误差；NFI（normative fit index）指规范拟合指数；RFI（relative fit index）指相对拟合指数；IFI（incremental fit index）指成长适配指标；CFI（comparative fit index）指比较适配指标

表 2 变量的相关系数与 AVE 比较

变量	品牌典型性	品牌创新性	品牌专家性	品牌可信度	品牌好感度	创新产品采纳意愿
品牌典型性	0.804	0.361***	0.322***	0.614***	0.368***	0.614***
品牌创新性	0.130	0.711	0.390***	0.423***	0.491***	0.493***
品牌专家性	0.104	0.152	0.782	0.320***	0.280***	0.404***
品牌可信度	0.377	0.179	0.102	0.705	0.501***	0.602***
品牌好感度	0.135	0.241	0.078	0.251	0.824	0.495***
创新产品采纳意愿	0.377	0.243	0.163	0.362	0.245	0.782
均值	5.290	4.656	4.974	5.117	4.727	4.963
标准差	1.470	1.545	1.590	1.393	1.548	1.609

注：表中对角线上是各变量的 AVE，对角线上方的是变量间的相关系数值，对角线下方的是变量间相关系数的平方值

***表示在 0.001 的水平上显著

4.4 共同方法偏差控制

对于可能存在的共同方法偏差，本文采用了不同的方法来进行控制。在问卷设计上，被访者被鼓励完全按照真实的想法和品牌感知作答，以降低社会期许效应和默认倾向对调查结果造成的可能偏差。同时，对变量的测量题项采取了不同的量表形式——利克特量表和语义差别量表，以降低问卷测项特征所造成的偏差。另外，在预测变量（品牌典型性和品牌创新性）和效标变量（品牌信誉和创新产品采纳意愿）之间，插入了与研究主题毫无关联的其他量表“我认为某些国家存在的死刑的可接受度”进行区隔，以降低语境效应导致的问卷内容偏差。

在统计方法上，本文采用了 Harman 单因素检验法和潜在误差变量控制法来对共同方法偏差进行检验和控制[46]。在 SPSS 软件中对所有变量的测项做未旋转主成分分析，共提取出了 6 个公因子，其中，第一个公因子的方差解释百分比为 44.711%，小于 50%，表明本文的量表不存在严重的共同方法偏差。另外，在 AMOS 软件中将前述验证性因子分析模型设为 A，将共同方法偏差作为一个新的潜变量加入模型 A 得到模型 B。共同方法偏差对每个观察变量的影响相同，因而从共同方法偏差这一潜变量到观察变量的路径系数需相同，因此在模型 B 中每条路径系数要有相同命名，同时为了正常拟合模型需要假设共同方法偏差潜变量的方差为 1。结果表明，包含共同方法偏差的模型 B 拟合指标有些许提升，卡方值降低了 14.901，卡方自由度比值降低了 0.032，但这一变化并未达到统计程度的显著（$p>0.05$），模型 B 并不优于模型 A；另外，模型 B 相比模型 A，SRMR 值提高了 0.005，RMSEA 值和 IFI 值没有变化，TLI（Tucker-Lewis index，塔克–刘易斯指数）、CFI、NFI、RFI 值提高了 0.001。该结果表明加入了共同方法偏差潜变量后的模型 B 的拟合指标相较于不包含共同方法偏差潜变量的模型 A 的拟合指标并没有显著变好，本文不存在显著的共同方法偏差。

5 假设检验

本文在 AMOS 23.0 软件中对结构方程模型进行计算，涉及的全样本模型和各群组模型的模型拟合指数及各模型的标准化路径系数都整理在了表 3 中。

表 3 不同样本的标准化路径系数和模型拟合指数

项目	全样本模型（n=533）		多群组模型			
			重大创新（n=265）		渐进创新（n=268）	
	β	p	β	p	β	p
品牌典型性→品牌专家性	0.21	***	0.24	***	0.19	**
品牌典型性→品牌可信度	0.54	***	0.41	***	0.67	***
品牌典型性→品牌好感度	0.23	***	0.15	*	0.31	***
品牌创新性→品牌专家性	0.31	***	0.38	***	0.25	***
品牌创新性→品牌可信度	0.23	***	0.34	***	0.11	*
品牌创新性→品牌好感度	0.41	***	0.49	***	0.31	***
品牌专家性→创新产品采纳意愿	0.12	**	0.15	*	0.12	*
品牌可信度→创新产品采纳意愿	0.22	***	0.25	***	0.16	*
品牌好感度→创新产品采纳意愿	0.15	***	0.16	*	0.11	*
品牌典型性→创新产品采纳意愿	0.33	***	0.21	**	0.51	***
品牌创新性→创新产品采纳意愿	0.16	***	0.18	*	0.11	*
品牌典型性→创新产品采纳意愿总效应	0.51	***	0.37	***	0.67	***
品牌创新性→创新产品采纳意愿总效应	0.31	***	0.40	***	0.19	**
模型拟合指数：全样本模型：χ^2=662.467，χ^2/df=2.760；SRMR=0.044，RMSEA=0.058；NFI=0.945，RFI=0.936，IFI=0.964，CFI=0.964 多群组模型：χ^2=966.203，χ^2/df=2.013；SRMR=0.053，RMSEA=0.044；NFI=0.923，RFI=0.911，IFI=0.960，CFI=0.959						

*、**和***分别表示在 0.05、0.01 和 0.001 水平上显著

5.1 直接效应

品牌典型性（β=0.33，p<0.001）和品牌创新性（β=0.16，p<0.001）对创新产品采纳意愿有着显著的正向直接影响，H1 和 H2 得证。品牌信誉的三个子维度品牌专家性（β=0.12，p<0.01）、品牌可信度（β=0.22，p<0.001）和品牌好感度（β=0.15，p<0.001）也显著促进了创新产品采纳意愿，H3 全部成立。从路径系数大小来看，品牌可信度对创新产品采纳意愿的正向影响最大，但路径系数间的配对差异检验表明，品牌专家性、品牌可信度和品牌好感度

对创新产品采纳意愿间的路径差异均未达到统计意义显著。

品牌典型性对品牌专家性（β=0.21，p<0.001）、品牌可信度（β=0.54，p<0.001）和品牌好感度（β=0.23，p<0.001）都有显著的正向促进作用。本文对品牌典型性→品牌专家性和品牌典型性→品牌可信度间的路径系数进行配对差异检验，发现两个系数间的临界比值为4.42，大于1.96，证明这两个路径间差异显著。同理，对品牌典型性→品牌好感度和品牌典型性→品牌可信度间的路径系数进行配对差异检验，两个系数间的临界比值为4.34，差异显著。说明品牌典型性对品牌可信度的正向促进作用大于对品牌专家性和品牌好感度的正向促进作用。因此H4得证。

品牌创新性对品牌专家性（β=0.31，p<0.001）、品牌可信度（β=0.23，p<0.001）和品牌好感度（β=0.41，p<0.001）也都存在显著的正向促进作用。对品牌创新性→品牌专家性和品牌创新性→品牌可信度间的路径系数进行配对差异检验，发现两个系数间的临界比值为1.82，没有达到统计上的显著。对品牌创新性→品牌专家性和品牌创新性→品牌好感度间的路径系数进行配对差异检验，发现两个系数间的临界比值为1.50，该差异也没有达到统计上的显著。同理，对品牌创新性→品牌好感度和品牌创新性→品牌可信度间的路径系数进行配对差异检验，两个系数间的临界比值为3.54，证明这两个路径间差异显著。说明品牌创新性对品牌好感度的正向促进作用大于对品牌可信度的正向促进作用。因此H5a～H5c成立，而H5d部分成立。

5.2 间接效应

品牌典型性通过品牌信誉对创新产品采纳意愿的间接促进路径系数为0.18，对创新产品采纳意愿的总效应路径系数为0.51（p<0.001），品牌创新性通过品牌信誉对创新产品采纳意愿的间接促进的总路径系数为0.15，对创新产品采纳意愿的总效应路径系数为0.31（p<0.001）。本文使用Bootstrap方法检验品牌信誉的间接效应，发现品牌典型性对创新产品采纳意愿的间接效应下限为0.106，上限为0.266，置信区间不包括0；品牌创新性对创新产品采纳意愿的间接效应下限为0.093，上限为0.225，置信区间也不包括0。因此，品牌典型性和品牌创新性对创新产品采纳意愿的影响确实通过了品牌信誉的中介。这样的结果更加证明品牌典型性和品牌创新性确实对创新产品采纳意愿有着显著的正向促进作用，H1和H2进一步得证。

5.3 产品创新程度的调节效应

为了证明产品创新程度的调节作用，本文将总样本分为重大创新和渐进创新进行多群组分析，各拟合指标表明多群组模型适配合理。

对于重大创新产品，品牌典型性（β=0.21，p<0.01）、品牌创新性（β=0.18，p<0.05）和品牌信誉的三个子维度（ps<0.05）对创新产品采纳意愿均存在显著的正向直接影响。同时

Bootstrap 检验表明，品牌典型性（β=0.16；下限=0.066，上限=0.280）和品牌创新性（β=0.22；下限=0.118，上限=0.353）对重大创新产品采纳意愿的影响通过品牌信誉有着显著的间接效应。品牌典型性（β=0.37，p<0.001）和品牌创新性（β=0.40，p<0.001）对重大创新产品采纳意愿的总效应也显著。另外，品牌可信度（β=0.25，p<0.001）对重大创新产品采纳意愿的正向促进作用大于品牌专家性（β=0.15，p<0.05）和品牌好感度（β=0.16，p<0.05）对重大创新产品采纳意愿的正向促进作用，说明在重大创新情境下，品牌可信度对创新采纳决策的影响更大，但检验结果表明这三个路径系数间的差异并没有达到统计显著。

对于渐进创新产品，品牌典型性（β=0.51，p<0.001）、品牌创新性（β=0.11，p<0.05）和品牌信誉的三个子维度（ps<0.05）对创新产品采纳意愿均存在显著的正向直接影响。同时，Bootstrap 检验表明，品牌典型性（β=0.16；下限=0.048，上限=0.288）和品牌创新性（β=0.08；下限=0.026，上限=0.155）对渐进创新产品采纳意愿的影响通过品牌信誉有着显著的间接效应。品牌典型性（β=0.67，p<0.001）和品牌创新性（β=0.19，p<0.01）对渐进创新产品采纳意愿的总效应也显著。

品牌典型性对重大创新产品采纳意愿的正向影响标准化效应值为 0.37，而在渐进创新情境下对应的标准化效应值为 0.67，比前者高出 0.30。品牌创新性对重大创新产品采纳意愿的正向影响标准化效应值为 0.40，在渐进创新情境下该值为 0.19，下降了 0.21。为了检验上述差异是否显著，本文再构建两个新模型。第一个模型设定品牌典型性的所有路径系数在重大创新和渐进创新两个群组间的路径系数相等，而允许其他路径系数自由拟合；第二个模型设定品牌创新性的所有路径系数在重大创新和渐进创新两个群组间的路径系数相等，而允许其他路径系数自由拟合。本文初始的多群组模型允许所有的路径系数进行自由拟合，因此如果新的模型与初始模型间的卡方值差异达到统计上的显著，则说明产品创新程度的调节作用成立。首先，先针对品牌典型性在不同群组间的差异性进行分析，控制品牌典型性在重大创新和渐进创新两个群组的所有路径系数相等后新的模型卡方值为 998.827（484），与初始模型相比卡方值差异达到显著水平（p<0.005）。接着，针对品牌创新性在不同群组间的差异性进行分析，控制品牌创新性在重大创新和渐进创新两个群组的所有路径系数相等后新的模型卡方值为 984.856（484），与初始模型相比卡方值差异也达到显著水平（p<0.005）。上述结果表明品牌典型性对创新产品采纳意愿的总效应在渐进创新情境下体现得更大，H6 得到证明；品牌创新性对创新产品采纳意愿的总效应在不同群组间有显著差异且该总效应在重大创新情境下体现得更大，H7 得到证明。

6 研究结论与启示

本文围绕品牌典型性、品牌创新性和品牌信誉这三个品牌感知变量探讨了三者对消费者创新产品采纳的共同影响，通过结构方程模型验证了构建的理论模型，回答了所提出的四个问题，具体的结果和发现如下。

第一，品牌典型性、品牌创新性和品牌信誉都对创新产品采纳有着积极的直接促进作用。典型品牌作为所属产品类别的代表，是消费者脑海中过去产品经验累积的认知符号，典型品牌在自己所能代表的产品品类内推出创新产品更易于让消费建立对创新产品的认识。同时典型品牌发布的创新产品更有可能预示着产品未来的走向，加强消费者对创新产品的信心，有效降低产品表现的不确定性和潜在风险。因此，品牌典型性能提高消费者对创新产品的偏好。品牌创新性是消费者对品牌在某个产品类别中过去创新投入和未来创新潜力的感知，在信息不确定性下能有效影响消费者的创新产品采纳行为，抵御潜在风险，因此品牌创新性也能提高消费者对创新产品的偏好。品牌信誉是消费者对品牌整体的信念感知，代表了消费者相信品牌能满足自身需求的程度。品牌专家性是指消费者感知到品牌能实现承诺的能力，品牌可信度是指消费者感知到品牌实现承诺的意愿，品牌好感度是指消费者对品牌情感上的喜欢。因此，信誉度高的品牌推出的创新产品从能力、意愿和情感上都让消费者相信创新产品能实现品牌承诺的价值，有效降低创新感知的不确定性和风险。因此品牌信誉同样提高了消费者对创新产品的偏好。

第二，品牌典型性和品牌创新性通过对品牌信誉的创建对创新采纳有着积极的间接促进作用。品牌典型性和品牌创新性都积极促进了品牌信誉的创建，且品牌信誉对创新采纳意愿的中介效应显著。

第三，品牌典型性和品牌创新性对品牌信誉的创建路径不同，品牌典型性更能显著促进品牌可信度，而品牌创新性更能促进品牌好感度。品牌典型性对品牌信誉子纬度的品牌可信度促进作用最大，这表明代表产品类别的典型品牌能让消费者感知到该品牌有更高实现品牌承诺的意愿，更被人信赖。品牌创新性对品牌信誉子纬度的品牌好感度的促进作用最大，且显著大于品牌创新性对品牌可信度的促进作用。这表明高创新性品牌让消费者觉得更加有趣进而激发品牌好感，同时高创新性品牌也是让消费者感知为更有能力的品牌。

第四，相较于渐进创新产品，品牌典型性对重大创新采纳的总效应更低而品牌创新性对重大创新采纳的总效应更高。这样的结果表明，重大创新的激进变化给消费者的产品类别认知带来了更高的挑战，典型品牌在推出打破既有产品类别边界的重大创新产品时，对产品采纳的正向促进作用有限，因为典型品牌推出与现有产品类别较为一致的新产品时更能赢得消费者的信赖和偏好。而高创新性品牌能为更加偏离产品类别图示的重大创新提供更强的保护和抗风险作用。

本文将与创新密切相关的三个消费者品牌感知变量置于同一框架下系统考察了它们对创新采纳的共同影响，响应了 Brexendorf 等[13]对品牌和创新间关系这一领域进行研究的号召。虽然有大量文献聚焦于品牌典型性在产品延伸中的作用，鲜少有研究关注品牌典型性在创新领域的重要效用。品牌典型性能有效降低消费者对创新不确定性的风险感知，且典型品牌推出的创新产品更能预示着产品的未来走向，加强消费者信任。因此，在创新领域探讨品牌典型性的积极作用十分必要。另外，品牌创新性与品牌典型性是不同的品牌感知变量，都对消费者的创新产品采纳有着重要影响。本文不仅将品牌典型性和品牌创新性在创新领域相结合，且探讨了它们对品牌信誉的创建及二者与品牌信誉对创新产品采纳的共同影响。结果表明，品牌典型性与品牌创新性对品牌信誉的创建机制有明显差异，且品牌典型性与品牌创新性对重大创新和渐进创新的产品采纳的保护程度和作用不同。这些发现进一步揭示了品牌作为判断创新价值的信息线索如何为创新产品的市场采纳提供了支持。

本文为企业管理者基于消费者视角的创新管理从品牌感知方面贡献了更系统的思考。创新的目标是通过向消费者提供预期之外的、令人兴奋的新事物和体验来创造价值，品牌通过实现与品牌承诺相一致、符合预期的产品来赢得顾客青睐，管理者需要洞察品牌承载的信息对创新产品采纳发挥的助益。高典型性品牌更能让消费者相信品牌有通过创新来实现承诺的意愿，而高创新性品牌更容易赢得消费者对创新的好感。但是对重大创新产品而言，品牌典型性在既有产品类别的优势效应减弱，品牌创新性累积的创新信誉使得品牌能在更广的产品改造范围延续优势。对于管理者而言，持续追踪品牌在不同产品领域的消费者感知典型性和创新性并依据产品创新程度部署相应的品牌策略是必要的。

最后，本文只关注了消费者对创新产品的静态评价，但企业推出创新产品的过程是动态的，品牌推出的创新产品会受到同一产品领域中竞争品牌的影响。未来研究可以关注目标品牌推出创新产品的前后对市场上竞争品牌的产品和品牌评价造成的影响，以及同一创新产品被不同品牌先后推出又会怎样影响消费者的感知和采纳意愿。

参考文献

[1] Kunz V D，Warren L. From innovation to market entry：a strategic management model for new technologies[J]. Technology Analysis & Strategic Management，2011，23（4）：345-366.

[2] Danneels E，Kleinschmidt E J. Product innovativeness from the firm's perspective：its dimensions and their relation with project selection and performance[J]. Journal of Product Innovation Management，2001，18（6）：357-373.

[3] Jaruzelski B，Loehr J，Holman R. The Global innovation 1000，navigating the digital future[J]. Strategy + Business，2013，73：32-45.

[4] Schneider J，Hall J. Why most product launches fail[J]. Harvard Business Review，2011，89（4）：21-23.

[5] Hauser J R，Tellis G J，Griffin A. Research on innovation：a review and agenda for marketing science[J]. Marketing Science，2006，25（6）：687-717.

[6] Arts J W C，Frambach R T，Bijmolt T H A. Generalizations on consumer innovation adoption：a meta-analysis on drivers of intention and behavior[J]. International Journal of Research in Marketing，2011，28（2）：134-144.

[7] 冯文婷，涂荣庭，周志民. 消费者的高科技产品采用行为——技术接受和创新抗拒的双重影响[J]. 技术经济，2018，37（6）：16-24.

[8] Dell'Era C, Verganti R. Diffusion processes of product meanings in design-intensive industries: determinants and dynamics[J]. Journal of Product Innovation Management, 2011, 28 (6): 881-895.

[9] McCracken H. The 50 best inventions of 2010[J]. Time, 2010.

[10] Shams R, Alpert F, Brown M. Consumer perceived brand innovativeness: conceptualization and operationalization[J]. European Journal of Marketing, 2015, 49 (9/10): 1589-1615.

[11] Gill T, Lei J. Convergence in the high-technology consumer markets: not all brands gain equally from adding new functionalities to products[J]. Marketing Letters, 2009, 20 (1): 91-103.

[12] Gammoh B S, Voss K E, Skiver R. Consumer evaluation of continuous and discontinuous innovation: the effects of brand equity and product category knowledge[J]. American Journal of Business, 2011, 26 (1): 65-79.

[13] Brexendorf T O, Bayus B, Keller K L. Understanding the interplay between brand and innovation management: findings and future research directions[J]. Journal of the Academy of Marketing Science, 2015, 43(5): 548-557.

[14] Goedertier F, Dawar N, Geuens M, et al. Brand typicality and distant novel extension acceptance: how risk-reduction counters low category fit[J]. Journal of Business Research, 2015, 68 (1): 157-165.

[15] Baek T H, Kim J, Yu J H. The differential roles of brand credibility and brand prestige in consumer brand choice[J]. Psychology & Marketing, 2010, 27 (7): 662-678.

[16] Jhang J H, Grant S J, Campbell M C. Get it? Got it. Good! Enhancing new product acceptance by facilitating resolution of extreme incongruity[J]. Journal of Marketing Research, 2012, 49 (2): 247-259.

[17] Feiereisen S, Wong V, Broderick A J. Is a picture always worth a thousand words? The impact of presentation formats in consumers' early evaluations of really new products (RNPs) [J]. Journal of Product Innovation Management, 2013, 30 (1): 159-173.

[18] Hoeffler S. Measuring preferences for really new products[J]. Journal of Marketing Research, 2003, 40 (4): 406-420.

[19] Zhao M, Hoeffler S, Dahl D W. The role of imagination-focused visualization on new product evaluation[J]. Journal of Marketing Research, 2009, 46 (1): 46-55.

[20] Mugge R, Dahl D W. Seeking the ideal level of design newness: consumer response to radical and incremental product design[J]. Journal of Product Innovation Management, 2013, 30 (S1): 34-47.

[21] Gielens K, Steenkamp J B E M. Drivers of consumer acceptance of new packaged goods: an investigation across products and countries[J]. International Journal of Research in Marketing, 2007, 24 (2): 97-111.

[22] Page C, Herr P M. An investigation of the processes by which product design and brand strength interact to determine initial affect and quality judgments[J]. Journal of Consumer Psychology, 2002, 12 (2): 133-147.

[23] Carpenter G S, Nakamoto K. Consumer preference formation and pioneering advantage[J]. Journal of Marketing Research, 1989, 26 (3): 285-298.

[24] Bottomley P A, Holden S J S. Do we really know how consumers evaluate brand extensions? Empirical generalizations based on secondary analysis of eight studies[J]. Journal of Marketing Research, 2001, 38 (4): 494-500.

[25] Völckner F，Sattler H. Drivers of brand extension success[J]. Journal of Marketing，2006，70（2）：18-34.

[26] Aaker D A，Keller K L. Consumer evaluations of brand extensions[J]. Journal of Marketing，1990，54（1）：27-41.

[27] Milberg S J，Sinn F，Goodstein R C. Consumer reactions to brand extensions in a competitive context：does fit still matter？[J]. Journal of Consumer Research，2010，37（3）：543-553.

[28] Ram S，Sheth J N. Consumer resistance to innovations：the marketing problem and its solutions[J]. Journal of Consumer Marketing，1989，6（2）：5-14.

[29] Kim C K，Lavack A M，Smith M. Consumer evaluation of vertical brand extensions and core brands[J]. Journal of Business Research，2001，52（3）：211-222.

[30] Bagga C K，Noseworthy T J，Dawar N. Asymmetric consequences of radical innovations on category representations of competing brands[J]. Journal of Consumer Psychology，2016，26（1）：29-39.

[31] Henard D H，Dacin P A. Reputation for product innovation：its impact on consumers[J]. Journal of Product Innovation Management，2010，27（3）：321-335.

[32] Stock R M. How does product program innovativeness affect customer satisfaction？A comparison of goods and services[J]. Journal of the Academy of Marketing Science，2011，39（6）：813-827.

[33] Erdem T，Swait J. Brand credibility，brand consideration，and choice[J]. Journal of Consumer Research，2004，31（1）：191-198.

[34] Aaker J L. Dimensions of brand personality[J]. Journal of Marketing Research，1997，34（3）：347-356.

[35] Wood S L，Moreau C P. From fear to loathing？How emotion influences the evaluation and early use of innovations[J]. Journal of Marketing，2006，70（3）：44-57.

[36] Sweeney J，Swait J. The effects of brand credibility on customer loyalty[J]. Journal of Retailing and Consumer Services，2008，15（3）：179-193.

[37] Aaker D A. Managing Brand Equity[M]. New York：The Free Press，1991.

[38] Eisingerich A B，Rubera G. Drivers of brand commitment：a cross-national investigation[J]. Journal of International Marketing，2010，18（2）：64-79.

[39] Hetet B，Ackermam C L，Mathieu J P. The role of brand innovativeness on attitudes towards new products marketed by the brand[J]. Journal of Product and Brand Management，2020，29（5）：569-581.

[40] Broniarczyk S M，Gershoff A D. The reciprocal effects of brand equity and trivial attributes[J]. Journal of Marketing Research，2003，40（2）：161-175.

[41] Keller K L，Aaker D A. The impact of corporate marketing on a company's brand extensions[J]. Corporate Reputation Review，1998，1（4）：356-378.

[42] Batra R，Lenk P，Wedel M. Brand extension strategy planning：empirical estimation of brand-category personality fit and atypicality[J]. Journal of Marketing Research，2010，47（2）：335-347.

[43] Barone M J，Jewell R D. The innovator's license：a latitude to deviate from category norms[J]. Journal of Marketing，2013，77（1）：120-134.

[44] Shams R, Brown M, Alpert F. The role of brand credibility in the relationship between brand innovativeness and purchase intention[J]. Journal of Customer Behaviour，2017，16（2）：145-159.

[45] Ma Z F, Gill T, Jiang Y. Core versus peripheral innovations: the effect of innovation locus on consumer adoption of new products[J]. Journal of Marketing Research，2015，52（3）：309-324.

[46] 周浩，龙立荣. 共同方法偏差的统计检验与控制方法[J]. 心理科学进展，2004，12（6）：942-950.

Effect of Consumer Perceived Brand Typicality，Brand Innovativeness and Brand Credibility on Innovative Product Adoption

Zhou Xiaohan[1]，Yu Chunling[1]，Wu Yi[2]

（1.School of Economics and Management，Tsinghua University，Beijing 100084，China；
2.Asia Europe Business School，Faculty of Economics and Management，East China Normal University，Shanghai 200062，China）

Abstract: In order to explore the influence of brand perception on consumer adoption of innovative products，a theoretical model including brand typicality, brand innovativeness, brand credibility, innovation newness and adoption intention was constructed. Based on the literature of interaction between brand and innovation, an structural equation model was tested. The result shows as follows: positively direct effect of brand typicality, brand innovativeness and brand credibility on innovation adoption exists; brand typicality and brand innovativeness also have positively indirect effect on innovation adoption through the establishment of brand credibility; brand typicality and brand innovativeness create brand credibility actively through different pathways, brand typicality mostly promoted brand trustworthiness whereas brand innovativeness contributed more to brand likeability; compared with incremental innovation, the total effect of brand typicality on adoption intention of radical innovation is lower, while the total effect of brand innovativeness on adoption intention of radical innovation is higher.

Keywords: brand typicality; brand innovativeness; brand credibility; consumer innovation adoption

创新政策促进创新提质吗？——基于地区人才优势视角的检验*

郭劲光，孙浩

（东北财经大学 公共管理学院，大连 116025）

摘要：在分析创新政策和人才优势对创新质量和数量的作用机制的基础上，采用2006～2018年我国省际面板数据，运用DEA-Malmquist模型①测度了地区创新政策，并采用动态面板GMM（Gaussian mixed model，高斯混合模型），分别从地域、企业和高校三个角度分析了创新政策对创新质量和数量的作用效果，以及人才优势的中介与调节效应。研究发现：整体上创新政策的实施促进了地区创新产出，且对创新质量的促进作用高于对创新数量的促进作用；创新政策可通过提升人才优势对创新产出（创新数量和质量）产生间接的强化作用，且人才优势在创新政策的创新质量效应中发挥的间接强化作用要高于其对创新数量效应的间接强化作用；人才优势对创新政策实施效果存在显著的差异化影响，即创新政策对人才优势较高的地区的创新提质的作用效果更高，且这种差异化影响主要来源于创新政策对高校创新提质的强化效应。为此，我国应针对不同地区制定相应的创新政策，真正实现因地制宜，并将“以质量为核心”全面落实到技术创新政策的制定和完善中。

关键词：创新政策；创新质量；创新数量；人才优势；中介效应

中图分类号：**F062.9**　　**文献标识码**：**A**

1　研究背景与文献回顾

创新是引领发展的第一动力，是建设现代化经济体系的战略支撑。中国作为创新大国，

---

*基金项目：国家自然科学基金（71774027）；辽宁省教育厅项目（LN2019J07，LN2020Z04）。

作者简介：郭劲光（1976—），男，河北唐山人，东北财经大学公共管理学院教授，博士生导师，博士，研究方向为公共管理与创新政策；孙浩（1991—），男，安徽阜阳人，东北财经大学公共管理学院博士研究生，研究方向为公共管理与创新政策。

① DEA-Malmquist模型是一种将数据包络分析（data envelopment analysis，DEA）与分析各种效率的动态分析Malmquist指数相结合所构造的模型。

向世界知识产权组织提交的专利申请从 1999 年的 278 件飙升至 2019 年的 58 990 件，20 年间增长了 200 多倍，中国已然成为国际专利申请量第一的国家。然而与之相对应的则是，虽然我国的专利申请数量居高，但蔡绍洪和俞立平[1]在研究中指出我国在许多技术领域与国外发达国家相比仍存在一定的差距，程俊杰[2]指出我国的创新成果的转化率并不高，创新质量仍需进一步提高。要实现到 2035 年跻身世界创新型国家前列的目标，高质量的创新水平是必不可少的。因此，在建设高质量创新型国家的背景下，从区域的角度来分析创新政策对创新产出（创新数量与质量）的影响效果是十分必要的，这不仅能够丰富当前地区的创新理论，还能够促进我国向质量型创新积极转变，对进一步优化区域创新政策具有重要意义。

对于探究创新政策与创新之间的关系，在现有的研究中主要是从研发投入与创新活动的成果两个角度进行分析。从研发投入的角度来看，其中关于创新政策对研发投入的作用效果尚未得到统一。González 等[3]、陈林和朱卫平[4]、Carboni[5]、Cannone 和 Ughetto[6]及余明桂等[7]在研究中分别指出科技补贴、创新财税政策、出口退税等创新政策能有效地提高对研发的投入。然而 Klette 等[8]在研究中指出科技补贴容易使企业产生依赖性，从而扭曲了资源配置；张杰等[9]的研究结果进一步显示创新补贴对中小企业的创新研发并不存在显著的效果。从创新活动的成果来看，研发投入更多的是一种中间过程，Haeussler 等[10]指出与研发投入相比，在衡量创新产出方面专利数量更为直观。因此，探究创新政策对创新成果的作用效果更具有代表性。为此，诸多学者利用专利数据来探究创新政策与创新产出的关系。例如，张信东和吴静[11]指出享受了税收优惠政策的企业拥有更多的专利；黎文靖和郑曼妮[12]、王敏等[13]指出创新政策对创新数量的增加具有显著的促进效果；白旭云等[14]指出与研发补贴相比，税收优惠政策更能够促进创新质量的提高；贺康等[15]指出税收优惠政策能显著提升企业创新数量，且在高市场化的地区尤为明显。

但是，由于我国区域技术评价尚不完善、技术信息不对称的原因，我国的专利出现“高数量、低质量”的现象。黎文靖和郑曼妮[12]、蔡绍洪和俞立平[1]均在研究中指出我国的专利数量不能较好地反映我国的技术创新能力。为此，诸多学者开始关注创新政策对创新质量的作用效果。部分学者认为创新政策对提高创新质量具有显著促进作用。例如，朱平芳和徐伟民[16]认为创新政策能够有效地降低研发成本，使资源更多地流向高端创新活动中，从而提高创新质量。但部分学者提出相反的结论，即创新政策对提高创新质量具有显著的抑制作用。例如，安同良等[17]、张杰等[9]在研究中指出由于政府与企业间的信息不对称，企业为了得到更高更多的资助，会选择产出大量低质量的专利；孙刚等[18]、杨国超等[19]指出，一些企业进行创新活动是为了获取财税优惠与补贴；袁胜军等[20]以中国高技术产业为例指出我国的创新政策还无法显著促进创新质量提升。

从上述文献中可以了解到在现阶段的研究成果中，虽然诸多学者对创新政策对创新产出的作用效果进行了探究，但仍存在着一些不足。第一，多数研究是从创新数量的角度进行分析，针对创新政策对创新质量的作用效果的研究并不多，且多集中于微观层面的企业创新，从宏观的角度研究二者关系的文献比较少；第二，无论是从微观还是宏观层面的已有研究，更多的是探究创新政策对创新产出的直接作用效果，而未考虑地区人才优势在其中发挥的作用。因此，本文首先分析创新政策、人才优势对创新产出的作用机制，并构建省际创新政策模型，将各省区市历年创新政策数据化；其次，利用省际面板数据，采用差分 GMM 与系统 GMM，探究创新政策对创新产出（创新数量与质量）的作用效果，并在此基础上分析创新政策在人才优势不同的省区市中所产生的差异性；最后，从各省区市的企业与高校的角度进行分析，探究创新政策对地区企业与高校的作用效果，并进一步探究人才优势对创新政策实施效果差异化影响的来源。

2 创新政策、人才优势对创新产出的机制分析

由于创新政策是一个笼统的概念，本文借鉴 Rothwell 和 Zegveld[21]的研究成果，将创新政策划分为三个部分，分别是供给政策、需求政策和环境政策。

首先，从供给政策的角度来看，其主要体现为地区政府对本地区创新活动的重视程度，可划分为直接补贴与间接补贴。直接补贴是一种稳定的现金流，能够直接增加研发投入，从而对地区的创新产出产生正向的激励。但由于存在信息不对称的问题，部分部门可能会选择迎合政府的方式，构造“热点”项目以谋取政府的补贴，从而影响地区创新产出，而且研发补贴对创新具有一定的“腐蚀性”，部分地区可能会对研发补贴产生依赖性，从而降低了自身创新的积极性。戴晨和刘怡[22]、Yang 等[23]指出供给政策的间接补贴更多的是一种事后激励政策，能够对研发投入起到补偿的作用。在促进创新产出方面，由于这类补贴具有较高的可控性，地区企业与高校可以通过高质量的研发产出得到稳定的间接补贴，而这类补贴可以进一步补充到自身的研发投入中，从而形成良好的互动关系。这条循环链能够稳定运转的前提是地区企业具有高质量的产出。因此，为了获取间接补贴带来的好处，地方企业与高校可能会将自身研发的重点放在高质量产品上而非产出数量上。

其次，从需求政策的角度来看，其是指市场需求为创新行为提供动机来源，如战略性新兴产业政策等。Kleer[24]提出需求政策能够有效地缓解由于创新的不确定性与风险性所引起的投资不足的问题，从而降低创新投入的成本与风险，使得企业进一步从投资者处获取充足的创新资本，进而提高创新产出。然而吴意云和朱希伟[25]指出中央制定的这类政策在创新活动中一般都具有较高的指向性，这会使地区政府在制定相应政策时产生一定的偏离。此外，这类政策在产业规模扩大时就很难继续满足研发投入的需求，不利于地区创新产出的提升。

最后，从环境政策的角度来看，其主要是地区政府所推行的服务政策，而这类政策一般不具有较高的指向性，如大型科研仪器开放、知识产权保护等。这类政策的主要作用是激励研发主体进行创新的热情，激励地区积极开展创新活动。例如，科研仪器的开放为部分没有条件的科研人员提供了条件，从而提升科研人员的创新水平；而知识产权保护会使得创新主体愿意公布更多的项目信息，更有利于创新技术在地区间的流动与扩散，完善地区创新资源

的布局，进而有利于激励地区创新活动的开展，提高创新产出。

此外，地区创新产出的提升也离不开地区环境的支持，而罗思平和于永达[26]、王红云等[27]指出人才是创新不可或缺的因素之一，同时也是制约创新发展的重要因素。如果某一地区具有人才优势，当地区实行创新政策时可能会有以下好处：首先，由于自身已经做好了人才储备的准备，当地区实行相关的创新政策时，可以加快地区内人才资源向创新领域的流动速度，实现政策效应最大化，进而提升创新产出；其次，由于创新具有一定的风险性（如前期大量资源的投入、成果的不确定、市场影响等），当地区实行创新政策时，可以使其他如补贴等优惠政策更为完善，进而可以有效地降低由创新所带来的风险与资金损失，实现机会成本的最小化；最后，政府在实施创新政策时，总是通过观察地区微观主体（企业以及高校）的发明专利数量来决定是否给予其供给政策（如科技补贴或者财政优惠）。而如果微观主体已经具有较高的人才优势，那么它则更能够对所实施的创新政策产生较为显著的响应，从而获取更多的资源加入到自身创新活动中。而我国的微观主体是培养创新人才的重要基地，其自身的人才培养、科技设备、科研团队等都为地区创新企业的创新活动打下坚实基础。因此，在一定程度上可以说，地区人才优势越高，地区越容易获得地区创新所需人才，企业与高校间的合作也会越频繁，提高共同创新的可能性越大。在我国建设高质量创新型国家的背景下，在政府实行创新政策后，地区人才优势较高的省区市能够获取更多的科研补贴与财政优惠，进而增加地区的创新产出。

3 模型设定、变量测度与数据来源

3.1 模型设定

为了探究我国省际创新政策对创新绩效的作用效果，本文在测度地区创新政策的基础上，从创新产出的创新数量与质量两个角度进行分析，为消除数据异方差，对所选取的变量进行控制，取对数进入模型，基本模型如下：

$$\ln \mathrm{CXCC}_{it} = \alpha_0 + \alpha_1 \mathrm{CXZC}_{it} + \alpha_j \sum_{j=2} X_{jit} + \theta_i + \mu_t + \varepsilon_{it} \qquad (1)$$

式中，CXCC_{it}表示地区i在第t时期的创新产出；CXZC_{it}表示地区i在第t时期的创新政策；X表示控制变量；θ_i表示个体效应；μ_t表示时间效应；ε_{it}表示误差项。但是，传统的固定效应与随机效应模型对上述模型进行回归时，并没有考虑上期对当期的影响，因此本文考虑建立动态面板模型，具体形式为

$$\ln \mathrm{CXCC}_{it} = \beta_0 + \rho \ln \mathrm{CXCC}_{it-1} + \beta_1 \mathrm{CXZC}_{it} + \beta_j \sum_{j=2} X_{jit} + \theta_i + \varepsilon_{it} \qquad (2)$$

为消除个体效应（θ_i）带来的影响，对模型（2）作一阶差分，从而有

$$\Delta \ln \mathrm{CXCC}_{it} - \rho \ln \mathrm{CXCC}_{it-1} + \beta_1 \Delta \mathrm{CXZC}_{it} + \beta_j \sum_{j=2} \Delta X_{jit} + \Delta \varepsilon_{it} \qquad (3)$$

对于上述模型，本文采用使用所有可能的滞后变量作为工具变量的差分 GMM，以及其改进的系统 GMM 进行参数估计。

随后，为了考察创新政策是否会使地区人才优势对创新产出产生积极作用，本文借鉴 Hayes[28]、郑雅心[29]的研究方法，以人才优势作为中介变量，构建模型：

$$\ln \mathrm{CXCC}_{it} = \alpha_0 + \alpha_1 \ln \mathrm{CXCC}_{it-1} + \alpha_2 \mathrm{CXZC}_{it} + \alpha_j \sum_{j=3} X_{jit} + \varepsilon_{it} \tag{4}$$

$$\mathrm{RCYS}_{it} = \beta_0 + \beta_1 \mathrm{RCYS}_{it\text{-}1} + \beta_2 \mathrm{CXZC}_{it} + \beta_j \sum_{j=3} X_{jit} + \varepsilon_{it} \tag{5}$$

$$\ln \mathrm{CXCC}_{it} = \delta_0 + \delta_1 \ln \mathrm{CXCC}_{it\text{-}1} + \delta_2 \mathrm{CXZC}_{it} + \delta_j \sum_{j=3} X_{jit} + \omega \mathrm{RCYS}_{it} + \varepsilon_{it} \tag{6}$$

式中，RCYS 表示人才优势；其他变量的含义与上文保持一致。特别地，当式（4）、式（5）以及式（6）中的 α_2、β_2、δ_2、ω 均通过显著性检验[30]，则表明创新政策可以直接影响创新产出，也可以通过人才优势这一间接渠道间接影响创新产出，且 δ_2 为直接效应，$\beta_2 \times \omega$ 为间接效应，$\alpha_2 = \delta_2 + \beta_2 \times \omega$ 为总效应。

3.2 变量测度

1. 被解释变量

被解释变量为创新产出。对于创新产出诸多学者较多采用研发投入、专利申请数量等来度量。但由于创新是一项周期长、风险高的活动，与地区研发投入等变量相比地区创新成果更具有代表性[31]。而在现有的文献中多是采用专利申请数、专利授权数量以及地区企业营业额等来描绘创新成果。本文参考 Hall 和 Harhoff[32]、王兰芳和胡悦[33]的研究，将创新成果划分为创新数量（CXSL）、创新质量（CXZL）两部分，并分别以专利授权数量、发明专利授权数量进行度量。

2. 核心变量

核心变量为创新政策（CXZC）。对于创新政策的评价一直以来都是一个难题[34]。诸多学者在研究中分别通过构建 PMC（production material control，生产及物料控制）评价模型、指标体系以及文本分析法对创新政策进行测度。随着现代信息技术的发展，科技信息资源得到快速共享，从而催生了科技创新，提高了地区的创新绩效。为此，本文借鉴俞立平等[35]的研究，即在知识生产函数的基础上引入技术进步变量，来度量创新政策，即将知识生产函数 $Y = AK^{\alpha}L^{\beta}$ 转化为

$$Y = A'\mathrm{RDZC}^{\alpha} \cdot \mathrm{RDRY}^{\beta} \cdot \mathrm{TELE}^{\gamma} \quad (\alpha > 0,\ \beta > 0,\ \gamma > 0) \tag{7}$$

式中，A 表示全要素生产率；RDZC 表示地区研发经费；RDRY 表示研发劳动力；TELE 表示技术进步；A' 表示新的全要素生产率，即创新政策的效果。进而，可以通过 DEA 模型与 Malmquist 得到 A'。其中，变量选取如下：①输出变量，Y 为专利受理数量；②输入变量，RDZC 为全社会 R&D（research and development，研究与发展）投入，RDRY 为地区 R&D 人

员数，TELE 则根据李坤望等[36]的研究，采用地区电信业务额替代。但所得到的 A' 数值是其第 t 期与第 $t+1$ 期之间的关系，因此需要采用连乘的方式计算创新政策：

$$\mathrm{CXZC}_{ij}=A'_{i1}\times A'_{i2}\times A'_{i3}\times\cdots\times A'_{it}=\prod_{j=1}^{t}A'_{ij} \qquad (8)$$

3. 其他变量

对于人才优势（RCYS），本文选取地区的高学历人才的密度进行表示，即地区大专及以上人口数占地区人口数的比例；此外，借鉴范柏乃等[37]、方大春和裴梦迪的研究[38]，选取能够反映地方经济发展状况的人均地区生产总值（PGDP）、反映地区技术市场活性的技术市场成交额（JSSC）与反映地区开放程度的对外商投资企业投资额（FDI）作为控制变量。

3.3 数据来源

考虑到数据的可获得性，本文选取了 2006～2018 年 30 个省区市（除西藏、香港、澳门、台湾外）的数据；此外，在后续的企业与高校分析中，本文收集了 2009～2018 年各省区市（除西藏外，由于 2010 年的数据在年鉴中未统计，本文将该年数据予以剔除）的数据。样本数据来源于历年《中国统计年鉴》《中国科技统计年鉴》《高等学校科技统计资料汇编》，具体见表 1。

表 1　描述性统计分析

变量	均值	标准差	最小值	最大值
CXSL	10.0300	1.5852	5.7838	13.5850
CXZL	8.8620	1.6117	4.3695	12.2850
CXZC	1.8312	1.4760	0.4458	11.6330
RDRY	10.9319	1.1939	7.0975	13.5450
RDZC	5.0341	1.4259	0.7440	7.9030
PGDP	10.4835	0.5948	8.7540	11.9430
JSSC	3.9967	1.8217	0.6349	8.5090
FDI	10.8013	1.4175	7.6009	14.4700
TELE	6.2823	0.8682	3.6360	8.9620

4　实证结果与分析

4.1　平稳性检验

在进行样本回归前，需要对面板数据的平稳性进行检验。本文同时采用 LLC（Levin-Lin-Chu）检验、IPS（Im-Pesaran-Shin）检验以及 HT（Harris-Tzavalis）检验进行检验，具体见表 2。从表 2 可以看出，经过 1 阶差分，所有变量均已平稳。

表2 变量的平稳性检验结果

变量		LLC 检验	IPS 检验	HT 检验	平稳性
原数据	CXSL	−3.151***	−2.432***	132.388***	平稳
	CXZL	−4.552***	0.607	128.991***	不平稳
	CXZC	−4.223***	−3.539***	127.058***	平稳
	RDRY	−4.344***	−6.581***	130.644***	平稳
	RDZC	−1.459*	−11.233***	126.610***	平稳
	PGDP	2.798	−28.499***	93.941***	不平稳
	JSSC	−2.393***	−0.002	186.612***	不平稳
	FDI	1.077	−10.004***	147.948***	不平稳
	TELE	0.901	4.537	93.975***	不平稳
一阶差分	CXSL	−3.785***	−7.020***	274.953***	平稳
	CXZL	−4.265***	−7.292***	278.902***	平稳
	CXZC	−10.550***	−3.840***	217.946***	平稳
	RDRY	−5.496***	−7.045***	272.858***	平稳
	RDZC	−6.335***	−7.760***	285.364***	平稳
	PGDP	−3.744***	−3.195***	161.161***	平稳
	JSSC	−7.107***	−12.931***	366.103***	平稳
	FDI	−4.741***	−10.377***	331.427***	平稳
	TELE	−8.613***	−7.499***	280.365***	平稳

***、*分别表示在 1%、10%的水平上显著

4.2 基本回归

首先，本文采用省际面板数据探究创新政策对创新产出的作用效果。传统的 OLS（ordinary least squares，普通最小二乘法）回归无法对各省区市的固定效应进行控制，为此，可以采用面板随机效应与固定效应模型进行分析。表 3 模型（1）与模型（4）中 Hausman 检验的 P 值远小于 1%，表明与随机效应模型相比，固定效应模型更合适。为进一步控制可能存在的内生性问题，本文继续采用差分 GMM 与系统 GMM 进行回归，而二者成立的前提是扰动项的差分存在一阶正相关而不存在二阶自相关，从模型（2）、模型（3）、模型（5）以及模型（6）中 AR（1）（一阶自回归）对应的 P 值均小于 5%，而 AR（2）（二阶自回归）对应的 P 值均高于 10%，因此可以使用差分 GMM 与系统 GMM。而 Sargan 检验的 P 值均高于 10%，即无法拒绝所有工具变量均有效的假设，也进一步表明模型设定是合理有效的。

从创新政策的角度来看，模型（1）～模型（6）中回归系数均显著为正，这表明创新政策的实施不仅促进了各省区市创新数量的增加，也使得各省区市创新质量得到提升，且对创

新质量的作用效果要高于创新数量。这可能是因为在中央与地方政府分权治理的模式下，地方政府更了解自身状况，使得地区更会针对性地实施相关的创新政策，作用效果也更为显著，这也进一步表明各地区创新政策总体上是合理有效的。从控制变量的角度来看，在模型（1）～模型（6）中，外商投资企业投资额、人均地区生产总值大都显著为正，表明地区经济的增长以及地区对外开放程度的增强对提高创新数量与质量均具有显著的促进效果；全社会 R&D 投入也均显著为正，表明地区科技创新经费投入的增加有助于提高地区创新数量与质量。而技术市场活性的提高有助于提高地区的创新数量，但却显著地抑制了地区创新质量的提升。

表 3　创新政策影响创新产出的回归结果

变量	创新数量（CXSL）			创新质量（CXZL）		
	固定效应	差分 GMM	系统 GMM	随机效应	差分 GMM	系统 GMM
	模型（1）	模型（2）	模型（3）	模型（4）	模型（5）	模型（6）
CXZC	0.153*** (11.64)	0.121*** (10.62)	0.108*** (14.19)	0.227*** (17.97)	0.151*** (7.10)	0.143*** (17.40)
RDRY	−0.169* (−1.70)	−0.050 (−0.85)	−0.231*** (−6.59)	−0.900 (−0.94)	0.000 (0.03)	0.050 (1.06)
RDZC	0.628*** (5.33)	0.384*** (4.65)	0.616*** (13.02)	0.525*** (4.63)	0.233** (2.34)	0.324*** (6.98)
PGDP	0.535*** (3.91)	0.369*** (3.68)	0.156*** (3.04)	0.875*** (6.64)	0.656*** (4.49)	0.250*** (3.66)
JSSC	0.030 (1.26)	0.032** (2.23)	0.032*** (3.11)	0.010 (0.51)	−0.0450** (−2.50)	−0.0691*** (−5.28)
FDI	0.162*** (3.64)	0.133*** (5.11)	0.038* (1.83)	0.077* (1.79)	0.000 (0.02)	0.094*** (5.94)
TELE	0.050* (1.70)	0.010 (0.97)	0.003 (0.28)	0.040 (1.41)	−0.000 (−0.00)	−0.002 (−0.28)
常数项	0.640 (0.41)	−0.002 (−0.00)	5.618*** (9.12)	−3.517** (−2.35)	−2.924** (−2.26)	−0.110 (−0.12)
L.CXSL		0.289*** (4.69)	0.563*** (19.94)			
L.CXZL					0.420*** (9.67)	0.601*** (29.76)
Hausman	29.540*** [0.0000]			27.670*** [0.0005]		
AR（1）		−2.397** [0.0165]	−3.109*** [0.0020]		−2.498** [0.0130]	−3.108*** [0.0020]
AR（2）		−0.308 [0.7580]	−0.602 [0.1040]		−1.624 [0.1040]	−1.357 [0.1750]
Sargan 检验		4.667 [0.9940]	26.635 [0.1830]		4.911 [0.9860]	26.985 [0.1710]

注：固定效应与随机效应下小括号内的数值为 t 统计量，GMM 下小括号内的数值为 z 统计量，中括号内的数值为对应的 P 值；L.表示变量的一阶滞后

***、**和*分别表示在 1%、5%和 10%的统计水平上显著

4.3 中介效应检验

本文依据中介检验模型的基本步骤进行检验：首先，针对式（4）回归，如果 $\alpha_2>0$ 且对应的 P 值小于 0.05，则说明地区创新政策对创新产出具有显著促进作用；其次，对式（5）回归，检验创新政策是否能够提升地区人才优势；再次，对式（6）回归，进一步检验创新政策与人才优势对创新产出的作用效果；最后，进行中介效应存在性检验与度量分析。

在表 4 中，通过 AR（1）、AR（2）以及 Sargan 检验不难看出，差分 GMM 无法保证模型的合理有效性，为此，重点针对表 3 与表 4 中系统 GMM 的回归结果进行分析。从创新数量的角度来看，首先，表 3 中模型（3）中创新政策的回归系数显著为正（0.108），表明创新政策对创新数量的提升具有显著的强化效应；其次，表 4 中模型（10）中创新政策的回归系数显著为正（0.211），表明创新政策会促进地区人才优势的增长；模型（11）中创新政策也显著为正（0.112），说明创新政策对创新数量的提升具有显著的直接强化效应。最后，通过表 3 与表 4 中的模型（3）、模型（10）以及模型（11）中创新政策与人才优势的显著性与大小不难看出“创新政策→人才优势→创新数量”这一路径是存在的，且中介效应大小为 0.004 009（即 $\beta_2\times\omega$=0.211 × 0.019=0.004 009），且其贡献率为：0.004 009/0.108=3.71%。同理，从创新质量角度来看，“创新政策→人才优势→创新质量”这一路径也是存在的，即创新政策化对创新数量的中介效应也存在，且大小为 0.006 752（即 $\beta_2\times\omega$=0.211 × 0.032=0.006 752），且其贡献率为：0.006 752/0.143=4.72%。综上，创新政策可以通过提升人才优势对创新产出（创新数量与创新质量）产生间接的强化作用，且人才优势在创新政策的创新质量效应中发挥的间接强化作用要高于其创新数量效应。

表 4 中介效应检验结果

变量	差分 GMM			系统 GMM		
	RCYS	CXSL	CXZL	RCYS	CXSL	CXZL
	模型（7）	模型（8）	模型（9）	模型（10）	模型（11）	模型（12）
CXZC	0.198*** （4.17）	0.126*** （5.04）	0.152*** （3.68）	0.211** （2.12）	0.112*** （5.24）	0.143*** （3.75）
RCYS		0.019** （2.28）	0.023*** （3.30）		0.019** （2.04）	0.032*** （2.75）
RDRY	0.608*** （2.90）	−0.083 （−0.85）	0.011 （0.09）	0.594* （1.77）	−0.246*** （−2.77）	0.052 （0.39）
RDZC	−0.447* （−1.71）	0.415*** （2.62）	0.245** （2.43）	−0.297*** （−3.10）	0.648*** （5.44）	0.376*** （3.18）
PGDP	0.569** （2.11）	0.337 （1.45）	0.691** （2.49）	0.437*** （5.65）	−0.181 （−1.61）	0.226* （1.78）
JSSC	−0.233*** （−3.12）	0.031** （2.19）	−0.039** （−2.22）	−0.285** （−2.13）	0.034 （1.41）	−0.044 （−1.29）
FDI	0.205** （2.07）	0.114* （1.84）	0.007 （0.13）	−0.000 （−0.00）	−0.027 （−0.52）	−0.088* （−1.65）

续表

变量	差分 GMM			系统 GMM		
	RCYS	CXSL	CXZL	RCYS	CXSL	CXZL
	模型（7）	模型（8）	模型（9）	模型（10）	模型（11）	模型（12）
TELE	0.051** （2.01）	0.021 （0.79）	0.003 （0.12）	0.149* （1.84）	0.009 （0.29）	−0.006 （−0.22）
常数项	−12.000*** （−3.28）	0.579 （0.28）	−3.209 （−1.40）	−9.471 （−1.64）	5.937*** （4.52）	0.230 （0.12）
因变量一阶滞后	−0.239*** （−15.11）	0.303** （2.28）	0.379*** （4.16）	−0.176*** （−5.87）	0.540*** （5.92）	0.543*** （8.04）
AR（1）	−3.358 [0.001]	−1.389 [0.165]	−2.272 [0.023]	−3.332 [0.001]	−2.425 [0.015]	−2.761 [0.006]
AR（2）	−1.399 [0.162]	−0.246 [0.806]	−1.258 [0.208]	−2.757 [0.006]	−0.526 [0.599]	−0.906 [0.365]
Sargan 检验	27.912 [0.002]	21.661 [0.017]	17.780 [0.059]	28.932 [0.116]	25.000 [0.247]	25.961 [0.208]

注：GMM 下小括号内的数值为 z 统计量，中括号内的数值为对应的 P 值

***、**和*分别表示在 1%、5%和 10%的统计水平上显著

4.4 稳健性检验

为进一步提高研究结果的可靠性，本文采用以下两种方式进行稳健性检验。其一，采用地区万人专利申请数（WCXSL）及发明专利授权数（WCXZL）来分别表示创新数量与质量；其二，采用在处理异方差方面具有优势的 FGLS（feasible generalized least squares，可行的广义最小二乘法）模型进行重新回归，具体结果见表 5。表 5 的差分 GMM、系统 GMM、固定效应模型以及 FGLS 模型的回归结果表明创新政策对创新产出具有较高的促进作用，该结果与表 3 中的结果保持一致。其他控制变量的回归结果与基本回归结果类似，说明本文的研究是具有较高的稳健性的。

表 5　稳健性检验结果

变量	创新数量（WCXSL）			创新质量（WCXZL）			创新数量（CXSL）	创新质量（CXZL）
	差分 GMM	系统 GMM	固定效应	差分 GMM	系统 GMM	固定效应	FGLS 回归	FGLS 回归
CXZC	1.675*** （3.36）	2.042*** （32.30）	1.884*** （4.09）	0.996*** （17.50）	0.876*** （77.87）	1.164*** （5.80）	0.159*** （12.14）	0.189*** （19.21）
RDRY	0.790 （0.34）	−0.704*** （−2.79）	18.520*** （5.31）	0.330 （0.81）	0.372*** （2.60）	5.780*** （3.80）	0.050 （0.79）	0.091*** （2.79）
RDZC	2.090 （0.75）	3.261*** （12.56）	−2.429 （−0.59）	0.509** （2.09）	0.995*** （8.48）	−1.134 （−0.63）	0.266*** （4.45）	0.202*** （3.60）
PGDP	3.072 （0.52）	3.620*** （13.63）	9.212* （1.92）	0.758 （1.41）	1.161*** （5.31）	2.603 （1.25）	0.259*** （3.41）	0.676*** （8.50）
JSSC	−0.228 （−0.31）	−0.110 （−0.96）	1.270 （1.42）	−0.076 （−0.86）	−0.152*** （−7.63）	0.230 （0.59）	0.034*** （2.75）	−0.028*** （−3.27）

续表

变量	创新数量（WCXSL）			创新质量（WCXZL）			创新数量（CXSL）	创新质量（CXZL）
	差分GMM	系统GMM	固定效应	差分GMM	系统GMM	固定效应	FGLS回归	FGLS回归
FDI	1.640 （1.13）	1.607*** （12.03）	9.329*** （5.96）	0.005 （0.04）	0.386*** （5.99）	3.609*** （5.29）	0.001 （0.03）	0.030 （1.59）
TELE	0.570 （1.19）	−0.025 （−0.33）	−0.250 （−0.24）	0.350*** （5.95）	0.000 （0.03）	−0.080 （−0.19）	0.033*** （2.64）	0.023* （1.80）
L.WCXSL	0.869*** （12.75）	0.830*** （136.42）						
L.WCXZL				0.902*** （68.27）	0.858*** （200.84）			
Hausman检验			40.830*** [0.00]			32.430*** [0.00]		
AR（1）	−2.141** [0.032]	−2.0884** [0.04]		−1.929* [0.054]	−1.948* [0.051]			
AR（2）	−0.841 [0.401]	−0.769 [0.44]		−1.406 [0.160]	−1.337 [0.181]			
Sargan检验	22.714 [0.012]	26.252 [0.197]		21.670 [0.017]	26.595 [0.185]			

注：固定效应下小括号内的数值为 t 统计量，GMM 下小括号内的数值为 z 统计量，中括号内的数值为对应的 P 值；L.表示变量的一阶滞后

***、**和*分别表示在1%、5%和10%的统计水平上显著

5 进一步讨论

5.1 人才优势对创新政策实施效果的差异化影响分析

为探究地区人才优势在创新政策与创新产出之间的调节作用，本文将根据所收集的历年各省区市人才优势平均值的中位数，将样本数据划分为人才优势高组与人才优势低组进行回归，具体结果见表6。

表6 基于人才优势分组的分样本回归结果

组别	被解释变量	模型	CXZC	AR（2）	Sargan检验	控制变量	平均相对增长量
人才优势高组	创新数量	差分GMM	0.135*** （3.25）	−0.845 [0.398]	12.808	有	80.006%
		系统GMM	0.094*** （3.17）	−0.579 [0.563]	12.379	有	55.767%
	创新质量	差分GMM	0.163*** （8.23）	−1.539 [0.124]	6.601	有	86.172%
		系统GMM	0.163*** （5.84）	−1.602 [0.109]	6.065	有	86.172%

续表

组别	被解释变量	模型	CXZC	AR（2）	Sargan 检验	控制变量	平均相对增长量
人才优势低组	创新数量	差分 GMM	0.099*** （3.36）	0.896 [0.370]	10.502	有	50.497%
		系统 GMM	0.063*** （3.11）	0.464 [0.643]	10.719	有	32.316%
	创新质量	差分 GMM	0.202** （2.18）	−0.628 [0.530]	6.823	有	74.888%
		系统 GMM	0.132* （1.72）	0.313 [0.755]	6.820	有	64.190%

注：GMM 下小括号内的数值为 z 统计量，中括号内的数值为对应的 P 值

***、**和*分别表示在 1%、5%和 10%的统计水平上显著

表 6 中 AR（2）统计量在 10%的水平上均不显著，表明可以采用差分 GMM 与系统 GMM 进行回归。而 Sargan 检验结果的 P 值基本上均高于 10%，即无法拒绝所有工具变量均有效的假设，为此，继续采用 GMM 是合理有效的。从回归结果来看，无论是在人才优势低组还是在人才优势高组中创新政策对提高地区创新数量与质量都具有显著的作用效果。采用分样本回归所得到的结果无法直接比较二者的回归系数及其显著性，为此，以创新政策的回归值分别除以观察期内两组样本中专利申请与授权数的平均增长量来评估区域相对增长量（表 4）。在差分 GMM 与系统 GMM 下，无论是创新数量还是创新质量的相对增长量均表现为人才优势高组高于人才优势低组，即创新政策对于人才优势较高地区的创新产出的作用效果更高。

5.2 创新政策对地区企业与高校的影响分析

由于我国地区创新主要来源于地区企业与高校，本文收集了 2009～2018 年各省区市（除西藏外）的企业与高校的创新产出数据进行回归，具体结果见表 7。表 7 中 AR（2）统计量在 10%的水平上均不显著，而 AR（1）统计量在 5%的水平上基本上均显著，但差分 GMM 中 Sargan 检验结果的 P 值基本上低于 10%，而系统 GMM 的检验结果的 P 值均高于 10%，即系统 GMM 的回归结果更为合理。为此，本文重点分析系统 GMM 的回归结果。

表 7 创新政策对地区企业、高校的创新产出回归结果

分类	被解释变量	模型	CXZC	AR（1）	AR（2）	Sargan 检验	控制变量
企业	创新数量	差分 GMM	0.027*** （2.66）	3.151*** [0.002]	0.012 [0.991]	11.500 [0.042]	有
		系统 GMM	0.027* （1.83）	−2.100** [0.036]	−0.936 [0.349]	14.063 [0.190]	有
	创新质量	差分 GMM	−0.000 （−0.00）	−3.089*** [0.002]	−1.422 [0.155]	12.318 [0.031]	有
		系统 GMM	0.001 （0.04）	−3.031*** [0.002]	−1.258 [0.208]	15.944 [0.143]	有

续表

分类	被解释变量	模型	CXZC	AR（1）	AR（2）	Sargan 检验	控制变量
高校	创新数量	差分 GMM	−0.010 （−0.24）	−2.219* [0.055]	0.601 [0.548]	7.709 [0.170]	有
		系统 GMM	0.074* （1.80）	−1.989** [0.047]	0.096 [0.923]	14.962 [0.172]	有
	创新质量	差分 GMM	0.030* （1.92）	−0.998 [0.318]	0.819 [0.413]	17.435 [0.004]	有
		系统 GMM	0.052** （2.08）	−2.000** [0.04]	0.321 [0.749]	13.247 [0.204]	有

注：GMM 下小括号内的数值为 z 统计量，中括号内的数值为对应的 P 值

***、**和*分别表示在 1%、5%和 10%的统计水平上显著

从企业创新产出的角度来看，创新政策能够有效地提升地区企业创新数量，但对创新质量的作用效果并不显著。这表明企业在受到地区创新政策的激励后，申请创新专利的数量增加，但也有部分企业选择迎合政策只是为了获取政府的科研资助资金，而非为了提升地区创新质量。从高校的角度来看，创新政策不仅能够有效地提升地区高校创新数量，而且对创新质量的促进作用效果也显著，即地区创新政策使得高校科技活动、科技交流更为频繁，从而提升了高校科研人员的创新能力与学术成果数量，也使得高校人员可以进一步了解当前市场需求，进而产生具有较高潜在价值的高质量成果。

5.3 人才优势对创新政策实施效果差异化影响的来源分析

基于上述的分析，本文进一步根据地区人才优势的中位数将企业与高校重新分组，仍采用 GMM 进行回归，具体结果见表 8。

表 8 基于人才优势分组后的高校与企业回归

分组	变量	企业				高校			
		创新数量		创新质量		创新数量		创新质量	
		差分 GMM	系统 GMM	差分 GMM	系统 GMM	差分 GMM	系统 GMM	差分 GMM	系统 GMM
人才优势高组	CXZC	0.029* （1.77）	0.024* （1.82）	−0.009 （−0.55）	0.010 （0.27）	0.081*** （3.87）	0.075* （1.88）	0.019* （1.86）	0.018** （2.24）
	AR（2）	−0.0446 [0.9645]	−0.4115 [0.6807]	−0.7069 [0.4796]	−0.3600 [0.7188]	0.7437 [0.4571]	0.4361 [0.6627]	1.6140 [0.1065]	0.1899 [0.8494]
	Sargan 检验	5.6388	9.7108	7.8065	9.2064	11.7823	4.3028	9.3157	9.5050
	平均相对增长量	23.641%	20.016%			40.948%	37.721%	18.738%	17.949%
人才优势低组	CXZC	0.022*** （3.08）	0.010 （0.67）	0.020 （0.97）	0.020 （1.15）	0.041** （2.05）	0.112*** （2.74）	0.015** （2.24）	0.010 （1.28）
	AR（2）	0.3361 [0.7368]	0.3476 [0.7281]	−1.5958 [0.1105]	−1.4329 [0.1519]	−0.8918 [0.3725]	−0.4270 [0.6694]	0.5633 [0.5732]	1.0090 [0.313]

续表

分组	变量	企业				高校			
		创新数量		创新质量		创新数量		创新质量	
		差分 GMM	系统 GMM	差分 GMM	系统 GMM	差分 GMM	系统 GMM	差分 GMM	系统 GMM
人才优势低组	Sargan 检验	7.2044	10.0421	9.0263	8.3839	8.7000	12.2610	9.6208	11.4292
	平均相对增长量	12.660%				14.411%	39.271%	10.545%	

注：GMM 下小括号内的数值为 z 统计量，中括号内的数值为对应的 P 值

***、**和*分别表示在 1%、5%和 10%的统计水平上显著

在表 8 中，从企业的角度而言，无论是人才优势高的省区市的企业还是人才优势低的省区市的企业，创新政策对创新数量的增加具有显著的促进效果，且这种效果在人才优势高的省区市的企业更为显著（平均相对增长量：23.641%>12.660%），而对创新质量的提升作用效果不明显。从高校的角度而言，无论是人才优势高的省区市的高校还是人才优势低的省区市的高校，创新政策对创新数量与创新质量都具有显著的促进效果，且创新政策对人才优势高的省区市的高校的创新质量提升更为明显（平均相对增长量：18.738%>10.545%）。

6 研究结论与启示

本文使用 2006～2018 年省际面板数据，以人才优势作为各省区市间禀赋差异的度量，在采用 DEA-Malmquist 模型测度地区创新政策的基础上，利用差分 GMM 与系统 GMM 分析创新政策对创新产出（创新数量与质量）的作用效果。研究发现：从全样本基准回归来看，创新政策的实施不仅促进了各省区市创新数量的增加，也使得各省区市创新质量得到提升。从分组回归来看，首先，人才优势对创新政策实施效果存在着显著的差异化影响，具体表现为创新政策对于人才优势较高的省区市的创新产出的作用效果更高；其次，对于企业而言，创新政策能够有效地提升创新数量，且这种效果在人才优势高的省区市更为显著，但对创新质量的作用效果无论在人才优势高的省区市还是人才优势低的省区市均不显著；最后，对于高校，创新政策对提升地区创新数量与创新质量的作用效果均显著，且创新政策对人才优势高的省区市的高校的创新质量提升更为明显。根据研究结果，本文提出以下建议。

首先，应该巩固高质量创新，进一步完善“以质量为核心”的创新政策。本文的研究结果表明部分地区企业的创新数量逐年提高可能只是为了迎合政策、获取政府的科研资助资金而采取的一种策略，而非为了提升地区创新质量。为此，应该尽快构建一套可以在全国范围内适用的、可行的、科学的创新质量度量方法。地区在制定创新政策时应该深刻了解“只有高质量的创新才能驱动高质量的发展”，打造提升地区创新质量的保障体系，而且在制订相应的专项计划与考核体系时，也应该融入高质量这一理念，始终坚持贯彻“数量与质量并重”的思路。

其次，针对不同的地区制定相应的创新激励政策，真正实现“因地制宜”的政策激励方

法。本文的研究结果显示，创新政策对地区创新产出的作用效果在一定程度上会受到地区人才优势的影响。因此，不同省区市在制定与本地区相适应的创新政策时，应该进行深入的剖析，充分考虑自身禀赋状况，从而能够有针对性地制定相应的创新政策，合理规划政策内容，做到“因地制宜”。中央也应该在制定创新政策时，重点关注各省区市当前的规划状况，一方面，可以对地区创新产出产生高效的提升作用；另一方面，也可以避免资源的浪费。

最后，积极推动校企合作，实现地区产业升级。本文研究结果显示创新政策对高校的创新产出具有显著的提升效果，因此，在积极推进地区产业转型的背景下，在制定相关创新政策时，不仅要考虑如何调动企业能动性，也要进一步加强校企合作，有效地利用地区高校的创新产出，从而实现地区创新质量的提升。

参考文献

[1] 蔡绍洪，俞立平. 创新数量、创新质量与企业效益——来自高技术产业的实证[J]. 中国软科学，2017,（5）：30-37.

[2] 程俊杰. 高质量发展背景下破解“创新困境”的双重机制[J]. 现代经济探讨，2019，（3）：5-10.

[3] González X，Jaumandreu J，Pazó C. Barriers to innovation and subsidy effectiveness[J]. RAND Journal of Economics，2005，36（4）：930-949.

[4] 陈林，朱卫平. 出口退税和创新补贴政策效应研究[J]. 经济研究，2008，43（11）：74-87.

[5] Carboni O A. R&D subsidies and private R&D expenditures：evidence from Italian manufacturing data[J]. International Review of Applied Economics，2011，25（4）：419-439.

[6] Cannone G，Ughetto E. Funding innovation at regional level：an analysis of a public policy intervention in the piedmont region[J]. Regional Studies，2014，48（2）：270-283.

[7] 余明桂，范蕊，钟慧洁. 中国产业政策与企业技术创新[J]. 中国工业经济，2016，（12）：5-22.

[8] Klette T J，Moen J，Griliches Z，et al. Do subsidies to commercial R&D reduce market failures？Microeconometric evaluation studies[J]. Research Policy，2000，29（4/5）：471-495.

[9] 张杰，陈志远，杨连星，等. 中国创新补贴政策的绩效评估：理论与证据[J]. 经济研究，2015，50（10）：4-17，33.

[10] Haeussler C，Harhoff D，Mueller E. How patenting informs VC investors—the case of biotechnology[J]. Research Policy，2014，43（8）：1286-1298.

[11] 张信东，吴静. 海归高管能促进企业技术创新吗？[J]. 科学学与科学技术管理，2016，37（1）：115-128.

[12] 黎文靖，郑曼妮. 实质性创新还是策略性创新？——宏观产业政策对微观企业创新的影响[J]. 经济研究，2016，51（4）：60-73.

[13] 王敏，伊藤亚圣，李卓然. 科技创新政策层次、类型与企业创新——基于调查数据的实证分析[J]. 科学学与科学技术管理，2017，38（11）：20-30.

[14] 白旭云，王砚羽，苏欣. 研发补贴还是税收激励——政府干预对企业创新绩效和创新质量的影响[J]. 科研管理，2019，40（6）：9-18.

[15] 贺康，王运陈，张立光，等. 税收优惠、创新产出与创新效率——基于研发费用加计扣除政策的实证检验[J]. 华东经济管理，2020，34（1）：37-48.

[16] 朱平芳，徐伟民. 政府的科技激励政策对大中型工业企业 R&D 投入及其专利产出的影响——上海市的实证研究[J]. 经济研究，2003，（6）：45-53.

[17] 安同良，周绍东，皮建才. R&D 补贴对中国企业自主创新的激励效应[J]. 经济研究，2009，44（10）：87-98，120.

[18] 孙刚，孙红，朱凯. 高科技资质认定与上市企业创新治理[J]. 财经研究，2016，42（1）：30-39.

[19] 杨国超，刘静，廉鹏，等. 减税激励、研发操纵与研发绩效[J]. 经济研究，2017，52（8）：110-124.

[20] 袁胜军，俞立平，钟昌标，等. 创新政策促进了创新数量还是创新质量？——以高技术产业为例[J]. 中国软科学，2020（3）：32-45.

[21] Rothwell R，Zegveld W. An assessment of government innovation policies[J]. Review of Policy Research，1984，3（3/4）：436-444.

[22] 戴晨，刘怡. 税收优惠与财政补贴对企业 R&D 影响的比较分析[J]. 经济科学，2008，（3）：58-71.

[23] Yang C H，Huang C H，Hou T C T. Tax incentives and R&D activity：firm-level evidence from Taiwan[J]. Research Policy，2012，41（9）：1578-1588.

[24] Kleer R. Government R&D subsidies as a signal for private investors[J]. Research Policy，2010，39（10）：1361-1374.

[25] 吴意云，朱希伟. 中国为何过早进入再分散：产业政策与经济地理[J]. 世界经济，2015，38（2）：140-166.

[26] 罗思平，于永达. 技术转移、“海归”与企业技术创新——基于中国光伏产业的实证研究[J]. 管理世界，2012，（11）：124-132.

[27] 王红云，王雪妮，赵彦云. 中关村科学城企业创新力及其影响因素研究[J]. 软科学，2016，30（10）：1-5.

[28] Hayes A F. Beyond Baron and Kenny：statistical mediation analysis in the new millennium[J]. Communication Monographs，2009，76（4）：408-420.

[29] 郑雅心. 数字普惠金融是否可以提高区域创新产出？——基于我国省际面板数据的实证研究[J]. 经济问题，2020，（10）：53-61.

[30] 陈晓，郑玉璐，姚笛. 工业智能化、劳动力就业结构与经济增长质量——基于中介效应模型的实证检验[J]. 华东经济管理，2020，34（10）：56-64.

[31] Cornaggia J，Mao Y F，Tian X，et al. Does banking competition affect innovation[J]. Journal of Financial Economics，2015，115（1）：189-209.

[32] Hall B H，Harhoff D. Recent research on the economics of patents[J]. Annual Review of Economics，2012，4（1）：541-565.

[33] 王兰芳，胡悦. 创业投资促进了创新绩效吗？——基于中国企业面板数据的实证检验[J]. 金融研究，2017，（1）：177-190.

[34] González X, Pazó C. Do public subsidies stimulate private R&D spending? [J]. Research Policy, 2008, 37(3): 371-389.

[35] 俞立平，章美娇，王作功. 中国地区高技术产业政策评估及影响因素研究[J]. 科学学研究，2018，36（1）：28-36.

[36] 李坤望，邵文波，王永进. 信息化密度、信息基础设施与企业出口绩效——基于企业异质性的理论与实证分析[J]. 管理世界，2015，（4）：52-65.

[37] 范柏乃，段忠贤，江蕾. 中国自主创新政策的效应及其时空差异——基于省际面板数据的实证检验[J]. 经济地理，2013，33（8）：31-36.

[38] 方大春，裴梦迪. 中国省际创新异质性及其影响因素研究——基于 GWR 和分位数回归分析[J]. 当代经济管理，2019，41（9）：36-42.

Does Innovation Policy Promote Improvement of Enterprise Innovation：Based on Perspective of Regional Talent Advantage

Guo Jinguang，Sun Hao

（School of Public Administration，Dongbei University of Finance and Economics，Dalian 116025，China）

Abstract：Based on the analysis of the mechanism of innovation policy and talent advantage on innovation quality and quantity, using the provincial panel data of China from 2006 to 2018, this paper uses the DEA-Malmquist model to measure regional innovation policies，and analyzes the effects of innovation policies on innovation quality and quantity，as well as the mediating and moderating effects of talent advantage from the perspectives of regions，enterprises and universities by the dynamic panel GMM. The results show as follows：innovation policy promotes regional innovation output and promotes innovation quality more than innovation quantity；innovation policy can strengthen innovation output（quantity and quality）indirectly by enhancing talent advantage，and talent advantage plays a more indirect strengthening role in innovation quality effect of innovation policy than in innovation quantity effect; talent advantage has a significant differentiated impact on the implementation effect of innovation policy, that is，innovation policy has a higher effect on innovation quality improvement in regions with higher talent advantage, and this differentiated impact mainly comes from the strengthening effect of innovation policy on the improvement of innovation quality in colleges and universities. Therefore，it is necessary to formulate corresponding innovation policies for different regions，truly adapt measures to local conditions，and “with quality as the core” should be fully implemented in the formulation and improvement of technology innovation policies.

Keywords：innovation policy；innovation quality；innovation quantity；talent advantage；mediation effect

《非对称竞争：应对中国科技竞争的战略》报告的中国启示——从技术研发、平台建构到价值认同的多维应对

付晶，李海峰

（吉林大学 哲学社会学院，长春 130012）

摘要： 美国“中国战略组”（China Strategy Group，CSG）发布的《非对称竞争：应对中国科技竞争的战略》报告表明，美国拟通过推广美国价值观、以“国家安全”为借口干预竞争、增强情报能力与预测技术趋势能力等手段，达到主导信息新格局、保障当下生产结构、持续人才争夺战的三重深层目的。中国应对美国竞争策略加以警惕，应在世界范围内宣传中国的价值观、提高中国投资环境安全信任度，通过对创新乘数效应评估进行针对性扶持，进一步完善数字平台、构建信息新格局。

关键词： 非对称竞争；价值观；供应链；科技创新

中图分类号： F204　　**文献标识码：** A

美国谷歌公司前 CEO（chief executive officer，首席执行官）埃里克·施密特领导的智库——“CSG”发布了一个报告，题为《非对称竞争：应对中国科技竞争的战略》（Asymmetric Competition：A Strategy for China &Technology）。该报告已经被拜登政府传阅并予以高度重视，报告针对中美两国的科技竞争提出了大量建议。美国智库在拜登政府对华科技政策制定中具有较强的影响力，特别是同民主党理念相契合的自由派智库将发挥更重要的作用[1]。拜登政府极有可能在科技领域对中国继续实施竞争性政策[2]，这应引起中国的重视并提前构建应对方案。本文将阐明该报告的主要观点，并进一步分析该报告给予中国的启示，文中关于报告内容的阐述均引自该报告。

作者简介：付晶（1990—），女，吉林长春人，吉林大学哲学社会学院科学技术哲学博士研究生，研究方向为科学哲学、科技与社会；李海峰（1964—），男，吉林长春人，吉林大学哲学社会学院教授、博士生导师，研究方向为科学哲学、科技与社会。

“CSG”成立于 2020 年 7 月，目的是应对中国在技术层面快速发展给美国带来的竞争压力，该小组由包括中国学者、企业创始人、加密技术人员、风险资本投资者、量子计算工程师、技术高管和前政策制定者在内的 15 人组成，从组成人员上看，该小组将在政治、经济以及技术领域有针对性地提出应对中国科技发展的竞争策略。

1 指向未来竞争的美方战略目的

从报告的内容分析，该报告主要展现了三重深层目的，分别是掌控美国和海外的数字平台生态系统、建立更有弹性的供应链、构建一套以美国为中心的价值观并继续人才争夺战。

1.1 主导信息新格局：掌控数字平台生态系统

CSG 认为美国政府有能力也应该努力塑造美国和海外的数字平台生态系统，并致力于与其他国家合作来实现这一目标。数字平台是利用软件促进多个不同群体之间的交互和交易的系统，在这些系统中（如 Windows 操作系统），相当一部分的经济价值和活动是由使用该平台的各方（如应用程序开发商）驱动的，而不仅仅是构建该平台的公司（如微软公司）。数字平台依靠网络效应获得发展的机会和规模的增长，这让中国企业拥有了天然的优势，因为其强大的国内基础为全球数字扩散提供了跑道。所以对数字平台生态系统的掌控不仅仅影响计算机行业与网络通信行业，更能对生产与生活的诸多环节进行影响甚至操控，并且能够由此获得预判形势的能力。中国的数字支付系统如中国人民银行数字货币 DCEP（digital currency electronic payment，数字货币与电子支付工具），可以使中国或其他国家在不使用美元的情况下进行国际交易，这显然有效地规避和削弱了美国的金融制裁，中俄之间 55%的贸易往来已经不再以美元结算，这表明两国都希望绕过美元和美国的银行体系进行贸易结算。

由于中国的国内市场比美国市场更大，将数字世界分割成多个监管区域或以牺牲全球联盟为代价完全专注于美国市场注定是一场失败的战斗。所以报告中提出了几种企图干预中国科技平台发展的对策：贸易手段包括更加广泛地限制美国高科技产品出口，或针对个别中国公司施行关税壁垒；加强美国对外投资审查，通过利用《国际紧急经济权力法案》①（International Emergency Economic Powers Act，IEEPA）有效地阻止交易和冻结资产。技术限制手段包括实行端到端的加密和对数据进行本地化管理。实现端到端的加密方法包括：强制使用开源加密协议以确保数据传输的安全；限制服务提供商访问用户的个人数据，这就有效阻止了中国企业取得美国用户的个人数据；对操作系统进行控制和管理，推动移动操作系统发展从而允许对应用程序可以访问的数据进行精细控制，采用更多的方法来提醒人们小心应对数据与应用共享，以及更容易识别并关闭特定类型的数据或者应用程序，拒绝来自应用

① 该法案是一项特朗普在 2019 年 5 月 15 日发布的行政命令，主要针对的是中国华为公司，目的在于确保信息和通信技术及服务供应链的安全。

程序商店中的过于激进的应用程序请求的权限；开展代码审核，让公司向受信任的中介机构（如学术界、有法律责任的美国公司）提供代码样本进行审核；限制某些不能开源的代码，因其可能有破坏商业秘密或生态系统的风险（如谷歌不会开源搜索算法，因为第三方将可能操纵系统）；透明度报告，公司可能需要公开披露有关机器人数量的汇总、已审查其内容的百分比、可能禁止的 URL（uniform resource locator，统一资源定位符）类型以及其他汇总数据；黑盒测试，类似于对银行进行的压力测试或由第三方进行的安全审计，审计公司试图利用平台的弱点并确定如何利用被平台捕捉到的许多行为，以此来衡量平台对剥削的适度性。

进行数据本地化管理包括：建立地理位置上独立的数据仓库，在美国国内获得的数据必须保持在美国的服务器上，不能向国外传播，甚至分析或处理；在美国国内进行交易付款时必须通过美国的银行进行支付，以使消费者交易和购买的数据不会离开美国；传输约束，美国公民的数据不能在中国进行分析，任何元数据必须留在美国国内。报告中也同样承认创建两个截然不同的数字世界对全球生产力和增长不是最理想的，美国应该继续努力以求尽可能地寻找与中国的共同利益。

1.2 保障当下生产结构：构建弹性供应链

报告中强调，与中国竞争的是广泛的熟练劳动力，这需要创造一个更加自动化的美国经济。建设自动化生产能力可以产生双重优势：减少对中国的依赖以及打造更强大的中产阶级就业基础。将 6000 亿美元的制造业回流美国将需要额外的 300 万～400 万名美国工人。目前这是不可能实现的，因为美国工人相对稀缺，而且需要更高的工资来吸引他们就业。所以报告建议通过加大对工业自动化的投资力度、对闲置的劳动力进行技术劳动培训、设立相关奖学金、助学金和贷款，以及设立技能考试与证书的方式增加灵活就业，减少行业技术壁垒。

报告中认为建立更有弹性的供应链对于减少美国受来自中国的控制至关重要，但这将需要对美国国内的基础设施、以盟国为中心的生产以及自动化方面的发展进行大量投资。其中有较多针对中国极有攻击性的策略：巩固这些供应链最终有助于促进美国的利益和价值观的推广，以维护国家安全、保持卫生安全的名义禁止美国公司与中国合作，进而改善和扩大美国经济繁荣的基础。然而这种评估的标准则掌握在美国手中，在一个极端的假设中，任何产品或服务都可以被称为国家安全的关键要素。报告建议美国的政策制定者必须利用当前重点领域的发展优势，实施供应链战略，提高应变能力，并预测知名竞争对手公司的未来事件和值得关注的举措（包括高调和低调的努力）。这一战略还必须利用自动化（包括工业和服务部门），因为自动化技术本身不仅是一项关键技术，也是推动资金回流的关键因素。为安全的关键供应链提供生态系统支持、将关键供应链从中国分离出来以及保护关键技术，这些都需要美国界定和保护整个生产生态系统，完成从制造到供应、从人才到尖端科技的创新。通过与盟友及合作伙伴建立强大的合作关系以确保美国供应链安全，美国及其盟国需要有一个由供应商和其他盟国的供应商组成的一个完整的生态系统，以支持高度自动化的生产过程，并且达成产业的规模化能力，这些仅靠研发能力是远远不够的。

1.3 继续人才争夺战：加大人才吸引政策

该报告指出了美国人才流失的问题。美国将持续进行发展、吸引和保留人力资本的投资，并探究能有效吸引人力资本的环境。研究小组敦促美国着力解决当前移民政策的瓶颈问题，建立立体的教育体系，让研究人员为行业角色做好准备，并且鼓励创新，培养广泛的熟练劳动力以推动美国的经济发展。报告中提出了几项策略：一是解决当前移民政策的瓶颈；二是建立教育体系，使研究人员为行业角色做好准备；三是创造适宜的研究环境，鼓励创新；四是培养大量的熟练劳动力市场。报告指出这些策略将在很大程度上推动美国的经济发展。

报告进一步强调了美国的人才环境优势与劣势：对于美国来说，高技能移民代表了一个关键的不对称优势，因为大多数科学家和工程师都强烈希望在美国生活，而不是中国。美国的大学、国际化的文化、精英管理以及在这里养育子女的前景都使美国成为一个很有吸引力的目的地。但有迹象显示美国的留任率在下降，而现任美国政府的立场也使美国对在外国出生的人才不再那么友好。移民障碍（如配额、等待时长、不确定性）、无法为家庭成员带来或确保就业、种族主义以及无法负担技术中心的费用都是阻碍移民的重要因素。但是当下高技能移民政策是有利的，研究表明美国的高技能移民的增加对经济产生了强烈的积极影响。历史上，美国两党都支持高技能移民（尽管它被用作全面移民改革辩论中的谈判筹码）。此外，高技能移民不会取代本土人才，因为需求往往超过供应。

在政策方面，报告建议将10%的联邦赠款用于教学，确保其款项用于未来的人才投资。鼓励产学研结合，激励大学教授和研究生进入工厂车间，并允许从业者进行教学或讲师职位的应聘，为博士生提供行业资助的同时，还应为他们提供实习交流的机会。调查成绩优异的学生，找出那些曾让他们取得成功的非传统模式，并确保具有高水平潜力的学生仍然可以选择这些途径。资助学术界的人员（如“富布赖特研究学者”）进行国际学术休假和交流，为企业提供一个良好的、可靠的、员工高效访问共享的基础设施，以及跨学科交流的科研中心。美国及其盟友必须以合适的价格吸引合适的人才来支持工业复兴。美国还需要提高职业学校的吸引力，并在未来几年及时地更新它们的课程，以适应高度自动化的回流工业所需的技能。在支持美国国内经济生产方面，这些技能与物质资本同样重要。

2 面对中美竞争的美方干预手段

面对中美之间的科技竞争，CSG提出了三种干预手段：第一，从价值观层面着手，继续在世界范围内通过推广美国价值观来加强美国的主导地位以便更好地孤立中国；第二，继续善用贸易壁垒的借口，以“国家安全”为借口干预贸易竞争；第三，通过增强情报能力与科技预测的能力，进行有针对性的技术扶持。

2.1 推广美国价值观：世界范围内完成价值观主导与干预

美国长期以来以价值观为借口对中国进行打压，在《非对称竞争：应对中国科技竞争的战略》报告中仍然多次提及通过利用价值观达成在中美科技竞争中获益的目的。美国希望建立一套以美国为中心的价值观体系，报告中强调：当前的任务是为即将到来的激烈竞争和摩擦以及快速的技术变革制订一种方案，使美国能够最有效地推进其利益和价值观。美国在全球积极地进行部署以便扩大美国价值观的影响力，如建立供应链的目的同样是传递美国的价值观，并且致力于建立以美国价值观为准则的由“技术民主国家”组成的新多边联盟。而价值观的界定在报告中并未提及，价值观与技术却被混为一谈，在报告中价值观成为美国政治行动的理由和手段，旨在为美国的不合理行动披上合理性外衣，为其为获得利益而采取的举动强加价值观的意义。

报告提出以金融手段推销美国价值观的全球化：以国际金融公司（International Finance Corporation）为模板，向发展中国家提供贷款和贷款担保，用于建设符合自由价值观的科技基础设施，以对抗中国提倡的数字丝绸之路。该基金将资助技术基础设施，为中低收入国家提供参与可信供应链的机会；与跨国公司建立创新中心，与本地大学合作培养本地人才；培育企业家，投资中低收入国家的国内企业，以此形成商誉。并且建立一个拥有广泛成员的国际机构（类似于亚太经济合作组织或世界知识产权组织）来负责在技术上开发一个共同的价值观平台。创建多边信任区，以实现促进美国价值观全球一体化的目的。

2.2 善用贸易壁垒借口：以“国家安全”为借口干预竞争

美国国防部 2019 年发布的国家情报战略报告中就已经指出，中国已经通过技术进步对美国造成更多新的威胁，尤其是在新兴技术的颠覆性领域[3]。CSG 在《非对称竞争：应对中国科技竞争的战略》报告中制定了评估技术关键性的标准，其中在关键的诊断问题中着重强调了“在这个领域的领先地位是否提供了具有高度防御性的竞争优势？在特定情况下，这项技术是否对美国国家安全利益构成直接风险？”也就是代表“安全问题”会长期成为中美交流中美方的常用借口。与此同时，CSG 还建议美国设立一个新的负责技术的副国家安全顾问和负责新兴技术的国家安全委员会理事会。CSG 提出的技术评估框架中着重强调了应对安全风险的原则。在特定情况下，这项技术是否对美国国家安全利益构成直接风险？有些技术之所以对国家安全构成固有的风险，要么是由于集成和访问关键数据，要么是由于其拦截关键系统或基础设施的能力：对手能否拦截敏感的信息流，如他们能关闭某些关键系统吗？敌人能在战时关闭关键信息系统吗？报告在谈及芯片技术的发展与交流时也指出需对芯片技术做出安全风险评估，因为芯片可能使计算机被跟踪或远程禁用。

《非对称竞争：应对中国科技竞争的战略》报告中列举了 2 项 CSG 认为对美国国家安全和主权具有威胁的活动：第一，敏感数据盗窃，可截获具有商业价值的数据、消费者和企业的经济活动，以及通过中资平台传输的政治战略数据或通信；第二，规避制裁、洗钱和犯罪或恐怖主义融资，中国的数字支付系统如 DCEP，可以使中国或其他国家在不使用美元的情况下进行国际交易，规避和削弱美国的金融制裁。CSG 建议新任命的总统助理（或总统副助理）和副国家安全技术顾问将负责以下工作：第一，负责现有的网络理事会；第二，负责新兴技术理事会；第三，负责空间理事会；第四，负责制定电信和供应链政策，可单独成立理事会从而进行技术战略预测；第五，推广符合安全标准的技术作为外交和发展的工具。

2.3 针对性扶持：增强情报能力、预测技术趋势

CSG 认为美国需要提升获取情报的能力，以主导预测领域。报告称如果美国不能预测技术未来的发展方向，美国就无法在激烈的国际科技竞争中保持竞争力。CSG 主张建立一个新的、开源的国家科技分析中心（national science and technology analysis center，NSTAC）；建立允许公共和私营部门有效、合法和公平地分享关于科技情报的见解的机制；让私营部门的预测能力在安全问题上发挥作用；与民主国家的新联盟更广泛地分享情报和技术分析，从而获得新的情报能力；建立一个由外部专家组成的情报后备部队。

报告中分析，与中国相比，美国在科技情报方面存在两个劣势：一是美国政府没有从美国私营部门收集的情报中获益，美国私营部门也没有从美国政府收集的情报中获益。情报界并没有优先确定美国技术领先地位的风险和机会，商业部门的创新力量意味着许多技术人员和技术专长存在于政府之外。因此，美国私营部门在许多情况下对科技情报的掌握远胜于情报组织，美国政府能够起到接收情报作用的组织的能力相对薄弱，可用于制订国家发展战略的情报也很有限。

CSG 建议建立一个新的、开源的国家科技分析中心；建立使公共和私营部门能够有效、合法、公平地分享关于科技情报的见解的机制，这样多边共享的五眼联盟也能够收集更多的情报。CSG 认为中国在虚拟信息领域不断增长的人工智能能力和不断演变的战术代表着日益增长的威胁，美国将急切需要新的情报能力来探测和打击中国在信息技术发展方面的行动。

3 对未来的预判：中美科技竞争的三维交锋领域

CSG 的报告代表了美国精英阶层的一种认知和倾向，我们需要进行警惕，第一，中国应持续宣传中国价值观与中国投资环境的安全性；第二，应注重创新的乘数效应的评估，对有重大影响的技术进行有效扶持；第三，应进一步认识建构数字平台的重要性，加速中国数字平台生态环境的构建，稳步有序地进行相关技术扶持、人才培养以及法规建设。

3.1 价值观宣传层面：使当代中国价值观念走向世界

美国通过价值观设定试图构建一个先天排斥中国的价值观的设定，从而达到非常规手段竞争的目的。这种价值观设定使美国意图组建的同盟将中国排斥在外，甚至对中国产生价值

层面的敌对。例如，CSG 提出“创建多边信任区，实现促进美国价值观的全球一体化”，这一策略明确地表明其对中国的针对性，“该信任区将优先考虑联合研发，并消除重大监管障碍，以创造所需的灵活性，以激励在人工智能、量子计算、5G 等领域针对中国的科技创新”。然而“世界上绝大部分国家并不承认美国的价值就是国际价值，不承认美国说的就是国际舆论，不承认少数国家制定的规则就是国际规则”[3]。

中国社会主义价值观的落实尤为重要，美国已经将价值观作为中美之间竞争的重要武器。2013 年 12 月，习近平总书记在第十八届中央政治局第十二次集体学习时的讲话中指出，“我国要提高国家文化软实力，就必须使当代中国价值观念走向世界。要加强提炼和阐释，拓展对外传播平台和载体，把当代中国价值观念贯穿于国际交流和传播方方面面”[4]。价值观渗透于社会生产生活与世界贸易的多重维度，同样是国家软实力的领会与基础。2014 年 2 月，习近平总书记在第十八届中央政治局第十三次集体学习时进一步指出，“这些年来，我们反复强调加强国家文化软实力建设的重要性。文化软实力的灵魂是什么？文化软实力建设的重点是什么？就是核心价值观，这是决定文化性质和方向的最深层次要素。一个国家的文化软实力，从根本上说，取决于其核心价值观的生命力、凝聚力、感召力”[5]。

美国长期试图以价值观为出发点干预中美的贸易竞争与科技竞争，并试图抹黑中国的投资环境。中国应始终向世界表明开放的态度并且通过事实证实中国投资环境的安全性。2015 年 9 月，习近平在美国华盛顿州当地政府和美国友好团体联合欢迎宴会上发表演讲，指出“对外开放是中国的基本国策，中国利用外资的政策不会变，对外商投资企业合法权益的保障不会变，为各国企业在华投资兴业提供更好服务的方向不会变”“我们将及时解决外国投资者合理关切，保护他们的合法权益，努力营造公开透明的法律政策环境、高效的行政环境、平等竞争的市场环境”[6]。

3.2 产业扶持层面：注重创新的乘数效应

值得借鉴的是，该报告着重论述了创新的乘数效应——可作为其他衍生技术发展的催化剂或构件，并提出了衡量创新乘数效应的基本框架。一项技术是否在多个领域产生影响且具有乘数效应（如半导体直接影响 5G、量子计算、人工智能的进展）——如果一项技术能够产生深远影响，它就应被列为战略性技术，对国家的竞争力至关重要。满足多种标准的技术可能更有价值，因此，应该在注意力和资源方面优先考虑。该框架还可以作为一种有效的消除工具，区分那些重要但不太关键的输入和那些受欢迎但并非真正具有威胁性的应用程序。框架在不同技术上的应用可以帮助确定哪些关键技术值得特别关注、投资和保护。报告中列举了两类技术——基因编辑技术①和新一代芯片技术②。如果在这样的领域内获得技术领先，则

① 基因编辑是指科学家通过添加、删除或改变遗传物质来编辑生物体 DNA 序列的技术。

② 芯片是电子和计算机的关键部件，创新取决于更好、更强大的半导体的发展，潜在的突破性技术可能导致阶梯变化的改进，包括零电阻和更快的导电速度的高温超导体。

使国家具有了建立相关技术联盟的可能。所以，在对技术进行科研扶持时应将创新的乘数效应作为评估的重要指标。

3.3 完善数字平台层面：构建信息新格局

按照信息论与控制论的观点，通信从模拟信号转变为数字信号，这提高了可靠性并降低了成本，适用于指数级增长的创新数据。信息技术的独立能力由于其共同的数字语言的全球性汇聚而不断强大。当它们汇聚成一个计算机中介通信系统或智能网络时才会显现出来，因此，应创造出一种通用的数字媒介，汇总并分析生产生活的诸多方式，从而形成全新的信息格局。

数字平台生态系统的构建对于国家的重要程度日益提高，数字平台对于信息时代的意义甚至超过了铁路交通对于工业时代的意义。所以建立中国独立的操作系统具有重要的战略意义，提高公民的数字素养与培养数字化人才也具有重要意义。2017 年 12 月，习近平总书记在中共中央政治局第二次集体学习时强调，“大数据是信息化发展的新阶段。随着信息技术和人类生产生活交汇融合，互联网快速普及，全球数据呈现爆发增长、海量集聚的特点，对经济发展、社会治理、国家管理、人民生活都产生了重大影响。世界各国都把推进经济数字化作为实现创新发展的重要动能，在前沿技术研发、数据开放共享、隐私安全保护、人才培养等方面做了前瞻性布局”[7]。中国对数字平台的建设已经具有一定优势，但是也面临一些技术瓶颈，应继续合理利用社会主义体制优势，有序推进数字平台技术研发、法规完善以及推广应用，使中国在成为数字大国的同时成为数字强国。

参考文献

[1] 侯冠华. 美国智库对中美科技竞争的观点解读及对策建议[J]. 情报杂志，2021，40（4）：33-41.

[2] 时殷弘. 近昔与未来：总统竞选期间与其后的美国对华态势[J]. 亚太安全与海洋研究，2021，（1）：1-12.

[3] 外交部. 杨洁篪在中美高层战略对话开场白中阐明中方有关立场[EB/OL]. https://www.fmprc.gov.cn/web/zyxw/t1862521.shtml[2021-03-19].

[4] 习近平. 建设社会主义文化强国 着力提高国家文化软实力[N]. 人民日报，2014-01-01（1）.

[5] 习近平. 把培育和弘扬社会主义核心价值观作为凝魂聚气强基固本的基础工程[N]. 人民日报，2014-02-26（1）.

[6] 习近平. 在美国华盛顿州当地政府和美国友好团体联合欢迎宴会上的演讲[EB/OL]. http://cpc.people.com.cn/n/2015/0924/c64094-27626927.html[2015-09-24].

[7] 习近平. 审时度势精心谋划超前布局力争主动 实施国家大数据战略加快建设数字中国[N]. 人民日报，2017-12-10（1）.

China's Enlightenment from "Asymmetric Competition: A Strategy for China & Technology": Multi-dimensional Response from Technology Research and Development, Platform Construction to Value Recognition

Fu Jing, Li Haifeng

(School of Philosophy and Sociology, Jilin University, Changchun 130012, China)

Abstract: The "Asymmetric Competition: A Strategy for China &Technology" released by US "China Strategy Group"(CSG) shows that, the United States intends to use values and "national security" as an excuse to intervene in competition, and enhance intelligence capabilities, and predict technological trends to achieve three deep goals, namely leading the new pattern of information, ensuring the production structure, and continuing the battle for talent. China should be vigilant against American competition strategies, and publicize China's values worldwide and increase the trust in investment environment, and provide targeted support through the evaluation of innovation multiplier effects, further improve the digital platform and build a new information landscape.

Keywords: asymmetric competition; values; supply chain; technology innovation

创新承诺对越轨创新行为的影响：一个有调节的中介模型*

袁书杰[1]，刘轩[2]

（1.黄山学院 教育学院，黄山 245041；2.南京工业大学 经济管理学院，南京 211816）

摘要：基于目标定向理论和自我决定理论，利用对长江三角洲地区 284 名科技人员的问卷调查数据，实证分析了创新承诺对越轨创新行为的影响，并采用有调节的中介效应模型考察了失败学习和风险感知在其中的作用机制。结果表明：创新承诺对科技人员的越轨创新行为有显著的正向影响，失败学习在其中起完全中介作用；失败学习对科技人员的越轨创新行为有显著的正向影响，风险感知在其中起调节作用；失败学习对创新承诺与科技人员越轨创新行为间关系的中介效应受到风险感知的调节。

关键词：创新承诺；越轨创新行为；失败学习；风险感知

中图分类号：**C936**　　**文献标识码**：**A**

1　研究背景

在经济新常态的背景之下，许多企业的运行和可持续发展的能力受到了不小的考验。如何更好地保持核心竞争力，使得组织未来发展更加具有活力和韧性，理解、把握和支持员工创新行为至关重要。在全要素创新氛围的积极影响下，员工创新的自主性和能动性不断得到激发，作为创新行为的特殊形式，越轨创新现象越来越普遍。研究发现，80%以上的企业内部曾出现过越轨创新的案例，且在研发团队中发生越轨创新的比例为 10% 左右[1]。越轨创新

*基金项目：国家社会科学基金重点项目“完善中国县处级党政领导干部考核评价体系和奖惩机制研究”（16ADJ007）；教育部人文社会科学规划基金项目“新形势下领导干部敢于担当的动力与激励机制研究”（18YJA810005）；安徽省高校优秀青年人才支持计划重点项目（gxyqZD2020103）。

作者简介：袁书杰（1981—），男，安徽淮北人，黄山学院教育学院副教授，博士，西安思源学院特聘研究员，研究方向为创新行为、领导力；刘轩（1981—），男，江苏盐城人，南京工业大学经济管理学院副教授、硕士生导师，博士，研究方向为组织变革、创新管理。

兼具越轨和创新两个特点，主要指员工漠视上级或组织要求，坚信自己的创意能够给组织带来不菲的价值，而私下进行创新实践的行为。这种行为与一般创新行为都表现在员工发自内心、自愿地主动创新，且它很有可能帮助组织在某些领域中实现突飞猛进的发展和令人艳羡的成就[2]，但是越轨创新毕竟对已有组织规则具有某种程度的破坏作用，因势利导与合理使用才是良策。关于越轨创新的前因变量，既有创新氛围、领导风格等组织层面原因[3, 4]，也有资源过剩、成就动机等个体层面原因[5, 6]。按照目标定向理论的观点，当个体知觉角色要求时，会把注意力集中在对具体任务的把握和理解上，同时有意愿向周围人展示自己的才智和能力。科技人员作为创新的一线力量，契约内容多涉及创新目标、创新方式等，出于互惠原则和契约精神，员工许下承诺用实际行动回报组织。因此，创新承诺可以促进越轨创新行为的发生。然而按照 Ryan 和 Deci[7]提出的自我决定理论的观点，个体在与环境互动过程中的感知会影响其基本心理需要的满足程度，进而影响行为绩效。员工对创新目标的实现需要及风险态度倾向可能会影响越轨创新行为的发生概率及创新绩效。所以还应该从认知的视角以风险感知为调节变量，探讨创新承诺对越轨创新行为的影响机制。因此，本文通过对科技人员越轨创新及相关变量进行调查分析，建立创新承诺对越轨创新行为的影响模型，以及拓展越轨创新行为的诱发机制研究，丰富创新行为相关理论，为员工越轨创新的有效管理与正确引导提供有益参考。

2 理论分析与研究假设

2.1 创新承诺与越轨创新

角色理论认为，在工作情境中员工的行为往往具有代表性，且他人对其角色行为抱有相应的期待。当科技人员感知组织对其创新角色的欣赏、认可与投资时，往往做出与组织目标相一致的创新承诺，这种承诺既是压力也是动力，员工更可能出现组织公民行为和角色外行为[8]。当在组织支持、领导授权的工作氛围中，科技人员会对组织产生较强的忠诚感与情感认同，往往视自己为组织的一员，朝有利于组织目标的方向大胆创新。同时，高情感认同能够让规范意识由高转低，使科技人员更愿意在管理者的支持信任下选择建设性表达，向常规发起挑战，突破创新，也不担心因创新失败而带来的责罚。这种情况下，作为创新行为的特殊形式，越轨创新行为也可能受创新承诺这一变量的影响。基于此，本文提出如下假设。

H1：创新承诺对科技人员越轨创新行为有正向预测作用。

2.2 失败学习的中介作用

研究表明，创新过程的失败从来都不是什么“坏事”，其中蕴藏了大量或对或错的知识，甚至还隐藏着后续创新成功的机会[9]。如果创新者能够认真及时地反思失败，从失败中找到利于后续创新的独特知识并灵活运用[10]，失败学习的价值就凸显出来了。对组织的创新承诺会使得员工更加集中和调动其注意力向目标进发，创新目标越清晰其专注度越高，越易于获取和掌握达成目标的知识和能力。失败学习就是一个行动、反思以及积累知识（特别是独特的隐性知识）的过程[11]。由于个体视野的有限性，他人的经验可以为创新者提供更多更为复杂的学习情境，拓展知识库，增强异质性，促进创新行为的发生。此外，失败学习可以减轻或消除学习者对失败的恐惧，正视自己可能的失败，使得他们在工作中更为大胆地进行各种创新探索[12]。所以个体对创新承诺的感知转化为一种行动学习，促进创新行为以及增加越轨创新行为的发生概率。基于此，本文提出如下假设。

H2：创新承诺对科技人员失败学习有正向预测作用。

H3：失败学习对科技人员越轨创新行为有正向预测作用。

H4：失败学习在科技人员创新承诺对其越轨创新行为的影响中发挥中介作用。

2.3 风险感知及其调节作用

风险感知主要是指员工对所从事的创新活动中可能存在的风险以及承受相应行为责任的判断，包括决策结果的不确定性，以及错误决策的后果严重性（或可能损失的重要性）[13]。正向的差错导向往往与个体创新行为之间呈显著正相关[14]，这也体现了组织因素对个体行为产生的重要影响[15]。当个体在处理可能的创新失败时保持积极态度，从容应对各种差错问题，则更愿意尝试风险程度较高的创新工作。但是，当个体厌恶风险，不愿承担创新带来的不确定性（甚至失败）、可能遭到的惩罚等后果，员工可能就会退缩，表现出更多的角色内行为，即风险感知的高低理应影响失败学习与越轨创新行为之间关系的强弱。基于此，本文提出如下假设。

H5：风险感知在失败学习与越轨创新行为之间起正向调节作用。

综合上述假设本文进一步推断，风险感知对失败学习在创新承诺与越轨创新行为之间的中介作用可能也存在调节效应，即当风险感知较高时，创新承诺经由失败学习的中介作用而对越轨创新行为产生的间接影响相应较强；反之，当风险感知较低时，通过失败学习而传导的创新承诺对越轨创新行为的间接效应则相应减弱。基于此，本文提出如下假设。

H6：风险感知对失败学习的中介效应起正向调节作用。

综上，本文构建如图 1 所示的理论模型。

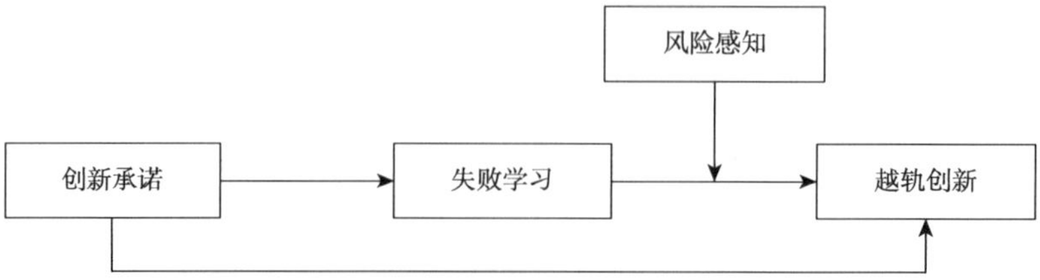

图 1 本文的理论模型

3 研究设计与方法

3.1 研究样本与数据收集

依托科学技术协会对长江三角洲地区相关单位的科技人员进行结构性问卷施测。为了确保调查样本的异质性和有效性，本文尽可能选取不同行业、不同组织、不同专业背景的被试进行调查。调查行业主要涉及大中型企业、科研院所、技术推广组织、卫生机构等。共发出问卷 350 份，收回 284 份有效问卷，有效回收率为 81.14%。其中，性别方面，男性占 65.5%，女性占 34.5%；年龄方面，40 岁及以下（最小 20 岁）占 59.4%，40 岁以上（最大 63 岁）占 40.6%；受教育程度方面，本科及以下占 52.8%，硕士研究生及以上占 47.2%；职称方面，中级及以下占 57.7%，副高级及以上 42.3%。

3.2 研究方法与测量

采用利克特 5 点式量表，其中，"1" 表示 "完全不同意"，"2" 表示 "比较不同意"，"3" 表示 "一般"，"4" 表示 "比较同意"，"5" 表示 "完全同意"，要求调查对象根据自己的实际情况进行填答。

（1）越轨创新。此变量的测量采用 Lin 等[16]编制的越轨创新量表，共 9 个题项，例如，"尽管上级不同意我的新方案，我仍然会继续去做"。该量表在本文中的 Cronbach's α 系数值为 0.949。

（2）创新承诺。此变量的测量采用 Klein 等[17]编制的量表，根据创新主题背景将量表中测量题项的语义内涵进行适度调整，共 5 个题项，如"我很在意是否能够实现我的创新目标"。该量表在本文中的 Cronbach's α 系数值为 0.918。

（3）失败学习。借鉴了 Carmeli[18]和 Edmondson[19]编制的量表来测量科技人员的失败学习状况，共有 7 个题项，如 "我犯错或者失误时，同事并不责备，而是从中学习"。该量表在本文中的 Cronbach's α 系数值为 0.911。

（4）风险感知。该变量的测量借鉴了 Dewett[20]编制的风险认知量表，包括 8 个题项，例如，"如果有助于我实现目标，即使存在失败的可能，我也会冒险创新"。该量表在本文中的 Cronbach's α 系数值为 0.879。

（5）控制变量。参照以往的研究[21]，把科技人员的性别、受教育程度、职称、年龄等作为重要的人口特征变量。为了避免这些变量的干扰，故把它们加以控制，以期获得更加准确客观的结果。

4 数据分析与结果

4.1 同源偏差检验

采用 Harman 单因素检验法[22]对调查数据进行检验。把创新承诺、失败学习、风险感知及越轨创新的所有题项进行探索性因素分析，以主成分因素检定，共有 4 个因子特征根大于 1，发现未转轴第一个因子解释率为 32.91%，小于 40%，且未占因子总解释率（69.77%）的 1/2，说明研究数据不存在明显的同源偏差问题。

4.2 信效度检验

对量表的区分效度进行检验，发现：基准的四因子模型优于其他竞争模型（ χ^2 =246.171，df=146， χ^2 /df=1.686，RMSEA=0.070，CFI=0.949，TLI=0.941，SRMR=0.052），这表明各因子间具有较好的区分效度（表 1）。

表 1　变量间区分效度检验结果

模型	因子	χ^2	df	χ^2 /df	RMSEA	CFI	TLI	SRMR
四因子	IC、FBL、RP、DI	246.171	146	1.686	0.070	0.949	0.941	0.052
三因子	IC、FBL+RP、DI	522.425	149	3.506	0.133	0.811	0.783	0.148
二因子	IC +FBL+RP、DI	749.494	151	4.957	0.167	0.697	0.657	0.135
单因子	IC +FBL+RP+DI	1049.521	152	6.905	0.204	0.546	0.489	0.180

注：IC=创新承诺，DI=越轨创新，FBL=失败学习，RP=风险感知

此外，通过计算各个因子的 CR，创新承诺、失败学习、风险感知和越轨创新的 CR 值分别为 0.838、0.815、0.904 和 0.951（均大于 0.7），以及 AVE 分别为 0.571、0.610、0.705 和 0.709（均大于 0.5），且均大于因子间相关系数的平方值，这说明各因子的建构信度和收敛效度比较理想。

4.3 描述性统计及相关分析结果

进行各变量的均值、标准差计算以及变量间的相关性分析（表 2）。可以看出，创新承诺与科技人员越轨创新行为存在显著正相关（r=0.252，p<0.01），创新承诺与失败学习有显著正相关（r=0.565，p<0.01），失败学习与越轨创新行为存在显著正相关（r=0.295，p<0.01），风险感知与越轨创新行为存在显著正相关（r=0.172，p<0.01），这与前述假设基本一致。

表 2 变量均值、标准差与相关分析结果

变量	性别	年龄	受教育程度	职称	创新承诺	失败学习	风险感知	越轨创新
性别	1							
年龄	−0.073	1						
受教育程度	−0.119*	−0.010	1					
职称	−0.194**	0.646**	0.419**	1				
创新承诺	−0.004	0.041	0.146*	0.075	1			
失败学习	0.106	−0.002	0.076	0.032	0.565**	1		
风险感知	−0.034	0.079	−0.016	0.032	−0.022	0.040	1	
越轨创新	−0.210**	0.023	0.100	0.084	0.252**	0.295**	0.172**	1
均值	1.350	39.210	2.710	3.160	3.903	4.044	3.068	3.071
标准差	0.476	9.068	1.084	1.256	0.553	0.572	0.671	0.772

注：N=284

*、**分别表示 p<0.05、p<0.01（双侧检验）

4.4 主效应及中介效应的检验

采用层次回归分析法进行检验。在控制了性别、年龄、受教育程度和职称变量之后，回归模型结果见表 3。由模型（2）可以看出，创新承诺对越轨创新行为具有显著的正向预测作用（β=0.225，p<0.01），因此 H1 得到验证。由模型（3）可以看出，创新承诺对失败学习具有显著的正向预测作用（β=0.520，p<0.001），所以 H2 得到验证。

表 3 回归模型结果

类别	因变量	越轨创新	越轨创新	失败学习	越轨创新	越轨创新	越轨创新
			H1	H2	H3	H4	H5
		模型（1）	模型（2）	模型（3）	模型（4）	模型（5）	模型（6）
控制变量	性别	−0.461***	−0.459***	0.227*	−0.528***	−0.521***	−0.498**
	年龄	−0.001	−0.002	−0.006	0.001	0.000	0.000
	受教育程度	0.046	0.024	−0.008	0.036	0.026	0.021
	职称	0.031	0.032	0.029	0.020	0.024	0.028
自变量	创新承诺		0.225**	0.520***		0.081	0.106
中介变量	失败学习				0.322***	0.276***	0.225**
调节变量	风险感知						0.136*
交互项	失败学习 × 风险感知						0.179**
参数	R^2	0.060	0.102	0.293	0.143	0.146	0.188
	ΔR^2	0.060	0.042	0.276	0.083	0.044	0.017
	F 值	4.366**	6.178***	22.515***	9.143***	7.700***	7.733***

*、**、***分别表示 p<0.05、p<0.01、p<0.001（双侧检验）

由模型（4）可知，失败学习对越轨创新行为具有显著的正向作用（β=0.322，p<0.001），故 H3 得到验证。随后，把创新承诺、失败学习一起放入回归方程，结果显示：创新承诺对科技人员的越轨创新行为影响不显著（β=0.081，p>0.05），失败学习对越轨创新行为的正向影响依然显著［β=0.276，p<0.001，见模型（5）］，这说明失败学习在创新承诺与科技人员越轨创新行为之间起完全中介作用，因此 H4 得到初步验证。另外，本文研究采用 Bootstrap 方法进行再抽样 5000 次，发现失败学习对越轨创新行为的间接效应值为 0.120，95%的置信区间为[0.041，0.205]，不包括 0，由此可知失败学习在创新承诺与科技人员越轨创新行为之间起完全中介作用，H4 得到进一步验证。

4.5 调节效应检验

对于风险感知的调节效应检验，经过中心化处理后构建失败学习与风险感知的乘积交互项。在控制性别等人口统计学变量后，由表 4 中的模型（6）可知，加入失败学习与风险感知的交互项之后，交互项对科技人员越轨创新行为的调节效应显著（β=0.179，p<0.01），这说明风险感知在失败学习与科技人员越轨创新行为之间有调节作用，即科技人员风险感知越高，失败学习对越轨创新行为影响越明显。由此，H5 得到初步验证。

为了对调节效应有更加直观清晰的认识，本文采用简单斜率分析法，在风险感知的均值加减一个标准差进行分组的基础上，绘制调节效应图（图 2）。

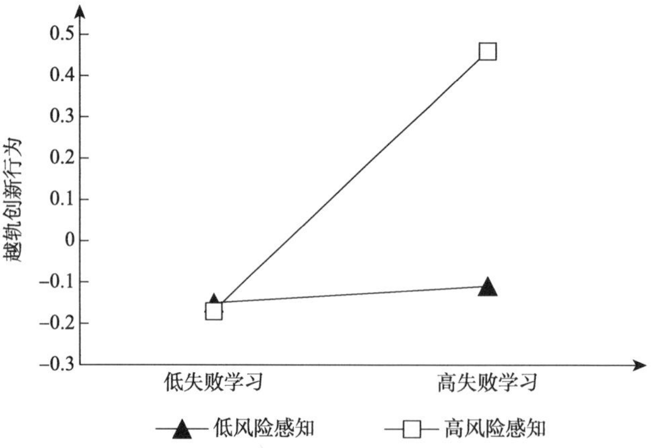

图 2 风险感知的调节作用

与低风险感知相比，高风险感知在失败学习与科技人员越轨创新行为之间的正向调节效应更强。此外，采用 Bootstrap 方法进行 5000 次再抽样发现，失败学习与风险感知的交互项对科技人员越轨创新行为的间接效应值为 0.0964，95%的置信区间为[0.017，0.173]，不包括 0，H5 得到进一步验证。

进一步研究发现：当科技人员风险感知较高时（均值加 1 个标准差），其间接效应的效果量为 0.181，95%的置信区间为[0.068，0.272]，不包括 0，达到显著水平；当科技人员风险感知较低时（均值减 1 个标准差），其间接效应的效果量为 0.012，95%的置信区间为[−0.097，0.127]，包括 0，没有达到显著水平（表 4）。因此，在高低风险感知情境下，创新承诺通过失败学习影响越轨创新行为存在明显差异。根据 Hayes[23]提出的检验方法，得出调节中介的指数为 0.088，Bootstrap 95%的置信区间为[0.002，0.156]，不包括 0，这进一步说明了失败学习对创新承诺与科技人员越轨创新行为之间关系的中介效应受到风险感知的调节，即产生了被调节的中介作用，所以 H6 得到实证支持。

表 4 条件间接效果分析结果

分组统计	间接效应值	标准误（SE）	95%的置信区间
低风险感知（−1SD）	0.012	0.057	[−0.097，0.127]
高风险感知（+1SD）	0.181***	0.051	[0.068，0.272]
差异程度	0.169***	0.075	[0.008，0.303]

***表示 p<0.001（双侧检验）

5 结论与展望

本文以科技人员群体常出现的越轨创新行为为中心变量，以创新承诺为研究出发点，探讨了在中国情境下创新承诺对科技人员越轨创新行为的作用机制。研究结果表明：首先，创新承诺正向影响科技人员的越轨创新行为，这说明创新承诺作为科技人员对角色压力、感恩回报等方面的胜任感与心理要求，会促进科技人员产生更多的越轨创新行为；其次，失败学习在创新承诺与科技人员越轨创新行为之间起完全中介作用，这验证了员工对他人经验的学习和知识积累在承诺与创新行为所架起的桥梁作用；最后，风险感知正向调节失败学习与科技人员越轨创新行为之间的关系，这说明了风险态度及宽容的组织创新氛围在中国组织情境中的重要作用。

5.1 理论价值

本文从心理承诺、态度反应到行为倾向，聚焦科技人员这一群体，以失败学习为中介、风险感知为调节，探讨了创新承诺与越轨创新行为之间的作用机制。在以往的研究中多关注资质过剩[5]、关系冲突[24]等变量对越轨创新行为的影响，忽略了员工自身心理冲突与认知变化。此外，创新承诺所引发的失败学习可以促进创新方式的选择。把失败学习作为创新承诺作用于越轨创新行为的传导条件，创新承诺也对科技人员越轨创新行为有正向影响，更加丰富目标定向、自我效能等理论。此外，由于科技工作充满创新挑战，在不确定的情境之下科技人员往往还会出现对创新失败的担忧，以及承担行为后果的顾虑，本文充分考虑了风险感知在科技人员失败学习与越轨创新行为之间的调节效应，拓展了越轨创新行为的研究领域与范围，更加深刻地揭示了中国情境下创新承诺通过失败学习作用于科技人员越轨创新行为的影响机制。

5.2 管理启示

首先，要重塑科技人员的角色定位，并适度传导角色压力与期望，确保形成良好的职业效能感，塑造敬业精神。虽然越轨创新如同一般创新一样，具有高风险和不确定性，但本质上是出于组织利益考虑的自发行为[2]。进行合理的职业规划指导，激发科技人员的心理动力，提升他们的创新效能感和创新精神是非常必要的。其次，引导科技人员正视创意本身的价值，营造相互学习借鉴的良好氛围，鼓励多渠道拓展更新学习知识库，完善创意沟通机制，妥善处理他人意见建议，为成功地实施创意奠定良好的基础。最后，要增强科技人员职业安全感，引导科技人员形成正向的差错观念，并积极关注他们在职场中的情感事件，尤其是出现创新失败或创新压力较大的时候，可以采用多种形式来开展“暖心工程”，纠正各种舆论偏见，促进更加和谐的工作关系，以形成利于提升创新绩效的良好氛围。

5.3 研究局限与展望

鉴于越轨创新行为的价值性和必要性，本文实证探讨了创新承诺这一重要的前因变量对越轨创新行为的影响机制，越轨创新的独特属性为其权变因素的研究开辟了一个崭新的视角，后续研究可以探讨不同情境条件下越轨创新行为的结果差异，以明晰越轨创新行为如何以及何时为组织带来利益。再者，考虑到本文采用的是横截面数据进行实证验证，后续研究可以考虑在不同时间点收集数据，进行纵贯研究。此外，本文只选取风险感知作为个体调节变量，在具体工作实践中，可能还有组织特征（如组织创新氛围、领导风格[25]等）、情境特征[26]（如个人—组织匹配程度[27]等）以及团队层面因素的影响，因此，未来可以构建越轨创新行为的多层动态形成机制，探寻更多影响越轨创新行为的影响因素，为管理者有效地进行越轨创新行为管理、更好地控制和引导越轨创新行为提供有益参考。

参考文献

[1] Augsdorfer P. A diagnostic personality test to identify likely corporate bootleg researchers[J]. International Journal of Innovation Management，2012，16（1）：125-133.

[2] Mainemelis C. Stealing fire：creative deviance in the evolution of new ideas[J]. Academy of Management Review，2010，35（4）：558-578.

[3] 王弘钰，于佳利. 组织创新氛围对越轨创新行为的影响机制研究[J]. 软科学，2019，(2)：126-129.

[4] 杨皖苏，杨善林. 分布式领导、组织支持感与新生代员工主动性-被动性创新行为：基于上下级关系和价值观匹配的交互调节效应[J]. 管理工程学报，2020，34（3）：10-19.

[5] 王朝晖. 员工资质过剩感与越轨创新——基于悖论视角的链式中介关系研究[J]. 经济经纬，2019，36（5）：

128-134.

[6] Tenzer H，Yang P. Personality，values，or attitudes? Individual-level antecedents to creative deviance[J]. International Journal of Innovation Management，2019，23（2）：1-30.

[7] Ryan R M，Deci E L. Self-determination theory and the facilitation of intrinsic motivation，social development，and well-being[J]. American Psychologist，2000，55（1）：68-78.

[8] Arthur J B. Effects of human resource systems on manufacturing performance and turnover[J]. Academy of Management Journal，1994，37（3）：670-687.

[9] Shepherd D A，Wiklund J，Haynie J M. Moving forward：balancing the financial and emotional costs of business failure[J]. Journal of Business Venturing，2009，24（2）：134-148.

[10] Green S G，Welsh M A，Dehler G E. Advocacy，performance，and threshold influences on decisions to terminate new product development[J]. Academy of Management Journal，2003，46（4）：419-434.

[11] Politis D. The process of entrepreneurial learning：a conceptual framework[J]. Entrepreneurship Theory and Practice，2005，29（4）：399-424.

[12] Ungar M，Ghazinour M，Richter J. Annual research review：what is resilience within the social ecology of human development? [J]. The Journal of Child Psychology and Psychiatry，2013，54（4）：348-366.

[13] Hirunyawipada T，Paswan A K. Consumer innovativeness and perceived risk：implications for high technology product adoption[J]. Journal of Consumer Marketing，2006，23（4）：182-198.

[14] Scott S G，Bruce R A. Determinants of innovative behavior：a path model of individual innovation in the workplace[J]. Academy of Management Journal，1994，37（3）：580-607.

[15] 张宁俊，袁梦莎，付春香，等. 差错管理氛围与员工创新行为的关系研究[J]. 科研管理，2015，36（S1）：94-101.

[16] Lin B L，Mainemelis C，Kark R. Leaders' responses to creative deviance：differential effects on subsequent creative deviance and creative performance[J]. The Leadership Quarterly，2016，27（4）：537-556.

[17] Klein H J，Wesson M J，Hollenbeck J R，et al. The assessment of goal commitment：a measurement model meta-analysis[J]. Organizational Behavior and Human Decision Processes，2001，85：32-55.

[18] Carmeli A. Social capital，psychological safety and learning behaviors，from failure in organizations[J]. Long Range Planning，2007，40（1）：30-44.

[19] Edmondson A C. The local and variegated nature of learning in organizations：a group-level perspective[J]. Organization Science，2002，13（2）：128-146.

[20] Dewett T. Exploring the role of risk in employee creativity[J]. Journal of Creative Behavior，2006，40（1）：27-45.

[21] 江依. 员工越轨创新行为研究综述及其展望[J]. 科技管理研究，2018，38（10）：131-139.

[22] Podsakoff P M，Mac Kenzie S B，Lee J Y，et al. Common method biases in behavioral research：a critical review of the literature and recommended remedies[J]. Journal of Applied Psychology，2003，88（5）：879-903.

[23] Hayes A F. Introduction to mediation，moderation，and conditional process analysis：a regression-based approach[J]. Journal of Educational Measurement，2013，51（3）：335-337.

[24] Liu X Q. Unethical leadership and employees' creative deviance：an analysis of the multiple mediating effects [J]. Science Research Management，2019，40（3）：188-196.

[25] 王艳子，王聪荣. 自我牺牲型领导对员工建设性越轨行为的影响机制[J]. 科学学与科学技术管理，2020，（3）：94-108.

[26] 王弘钰，崔智淞，邹纯龙，等. 忠诚还是叛逆？中国组织情境下的员工越轨创新行为[J]. 心理科学进展，2019，27（6）：975-989.

[27] Broekhuizen T L J，Giarratana M S，Torres A. Uncertainty avoidance and the exploration-exploitation trade-off[J]. European Journal of Marketing，2017，51（11/12）：2080-2100.

Influence of Innovation Commitment on Deviant Innovation Behavior：A Moderated-mediation Model

Yuan Shujie[1]，Liu Xuan[2]

（1.School of Education，Huangshan University，Huangshan 245041，China；2.School of Economics and Management，Nanjing University of Technology，Nanjing 211816，China）

Abstract：Based on the goal orientation theory and the self-determination theory，by using the questionnaire survey data about 284 scientific and technological personnel in the Yangtze River Delta region，this paper studies empirically the influence of innovation commitment on deviant innovation behavior，and investigates the mechanism of failure learning and risk perception based on a model of moderated mediator. The results show as follows：innovation commitment has a significant positive impact on the deviant innovation of scientific and technological personnel，and failure-based learning plays a complete intermediary role in the relationship between innovation commitment and deviant innovation behavior；failure learning has a significant positive impact on deviant innovation of scientific and technological personnel，and risk perception plays a moderating role in the relationship between failure-based learning and deviant innovation behavior；risk perception moderates the mediating effect of failure-based learning on innovation commitment on deviant innovation behavior.

Keywords：innovation commitment；deviant innovation behavior；failure-based learning；risk perception

绿色先动导向对企业绩效的影响：一个链式中介模型*

张秀娥，李清

（吉林大学 商学院，长春 130012）

摘要：基于自然资源基础观，按照“导向—能力—行为—产出”的逻辑关系，以绿色创造力和绿色产品创新为中介变量，构建绿色先动导向对企业绩效影响的模型。通过对 257 份制造企业数据的实证检验发现：绿色先动导向对企业绩效有正向影响；绿色创造力与绿色产品创新在绿色先动导向与企业绩效的关系之间起部分中介作用；绿色先动导向还可以通过绿色创造力与绿色产品创新的链式中介作用间接影响企业绩效。

关键词：绿色先动导向；绿色创造力；绿色产品创新；企业绩效

中图分类号：**F270.3**　　**文献标识码**：**A**

随着全球变暖、能源耗竭、新冠肺炎疫情等“灰犀牛”或“黑天鹅”事件频发，国家与民众对生态可持续发展的重要性的体会愈加深刻，并强烈呼吁企业“走向绿色”。为了平衡经济收益、社会环境和生态活动方面的竞争压力，企业不断地在绿色和创业之间协调多层次的紧张关系[1]。因此，绿色创业越来越被视为在保护生态系统、应对气候变化、减少环境退化以及维护生物多样性方面的一种有效方式[2]。具有绿色创新性、绿色先动性以及绿色风险承担性等特征的绿色创业导向是绿色创业的前提。然而，学者对绿色创业导向能否真正提升企业绩效一直存有争议。这是因为除权变因素的复杂影响外，绿色创业导向单一维度与绩效结果之间可能存在不同的变化趋势[3]，因此针对绿色创业导向某一子维度的研究比组合研究更能说明其本质及发展规律[4]。绿色先动导向作为绿色创业导向的重要维度，体现了企业倾向于成为行业内的绿色先行者，强调比竞争对手更快地推出绿色新产品或绿色服务，更可能准

*基金项目：国家社会科学基金项目“乡村振兴战略下农业企业绿色创业导向的测量、驱动机制及对绩效的影响研究”（20BGL059）。

作者简介：张秀娥（1963—），女，吉林东丰人，吉林大学商学院教授，博士，研究方向为创业管理；李清（1989—），女，吉林敦化人，吉林大学商学院博士研究生，研究方向为创业管理。

确地检验绿色创业导向对企业绩效的效用[5]。然而，在少数关注于绿色先动导向与企业绩效之间关系的研究中，多聚焦于权变因素，很少有实证研究探索两者之间的路径机制。那么，企业通过何种手段和方式能够从绿色超前行动中受益？绿色先动导向与企业绩效之间的作用机制是什么？这些都是值得深入研究的议题。

自然资源基础观认为，为应对日益增长的环境压力和挑战，未来企业的战略和竞争优势取决于能够同时实现环境可持续发展和经济增长的组织能力[6]。创造力是一种必须存在于所有组织中的至关重要的能力[7]，是影响组织生存和企业绩效的关键因素。联合国在《2030年可持续发展议程》中强烈呼吁企业运用创造力应对当前可持续发展的挑战[8]。强调在绿色产品、绿色服务以及绿色实践等方面开发新想法的绿色创造力逐渐受到学界和业界的关注，尤其对于制造企业来说，当越来越多的消费者开始关注环境时，绿色产品创新会逐渐成为市场上强有力的竞争武器[9]。虽然关于绿色创业导向的研究不断增多，但尚有以下不足：第一，学界对先行者能否实现企业绩效争议不断，且先前研究主要关注于企业绿色创业战略导向对企业绩效的影响，对其子维度（绿色先动导向）的探讨有限。本文以257家制造企业为样本，实证检验绿色先动导向与企业绩效之间的关系，拓展绿色创业理论。第二，学界始终关注绿色先动导向与企业绩效的边界条件，即变量之间如何匹配以实现高绩效[10]。随着研究的不断深入，研究的焦点逐渐转移到企业通过何种手段和方式能够从先动导向中获益，表现为中介变量的引入[11, 12]。本文认为，作为企业重要能力和行为的绿色创造力与绿色产品创新在绿色先动导向提高企业绩效过程中发挥着重要的战术作用。因此，基于自然资源基础观，从“导向—能力—行为—产出”的逻辑关系出发，探索绿色创造力与绿色产品创新的中介及链式中介效应，打开内部路径机制的“黑箱”，弥补已有绿色先动导向对企业绩效作用机制研究中的不足。

1 理论基础与研究假设

1.1 绿色先动导向与企业绩效

绿色创业是指在与环境问题相关的市场失灵中，发现、评估和开发存在的经济机会的过程[13]。这种通过创业将利润与生态相结合的方式，有利于创建一个更加绿色的可持续发展的商业世界。在有关绿色创业的研究中，绿色创业导向被认为是影响“三重底线”（经济、环境及社会底线）至关重要的因素[14]。绿色创业导向反映了企业主动发现和把握生态友好型商业机会的战略倾向，其通常被划分为绿色先动导向、绿色创新导向以及绿色风险承担导向三个维度[5]，分别体现了企业通过超前绿色行动引领行业的倾向，对绿色产品、技术或服务进行创新的倾向，以及面对不确定性时的风险投资倾向。相较于被动响应环保要求，绿色先动导向体现了企业积极主动地进行绿色创业的战略决策模式，即企业倾向于超前引入绿色产品、服务或技术来满足客户未来需求并领先竞争对手，以获得先发优势[15]。自然资源基础观的创始者Hart[16]明确区分了“绿色化”战略（如污染预防和产品管理）和“超越绿色化”战略（如清洁技术和可持续发展），前者侧重于对当今产品和工艺的渐进改进，后者侧重于关注未来的技术和市场。聚焦于发现并开发消费者尚未意识到或未能满足的环境需求的绿色先动导向，即属于后者。因此绿色先动导向对企业未来发展目标、方向及结果将产生重要影响。

先动性企业旨在发现潜在的市场需求，特别是转型经济中不断变化的消费者需求，进而快速采取行动，占领市场并获得绩效。为解决政府和社会日益关注的环境退化所造成的制约问题，越来越多的企业在战略规划过程中考虑到环境因素[17]。自然资源基础观强调企业与自然环境之间的关系可以成为未来竞争优势的重要来源，这是因为企业不仅依赖于生态系统，也受到生态系统的约束，那些能更好地处理自然环境给予的机遇或障碍的企业将会获得成功[6]。追求“绿色领先”的企业，更可能在竞争对手赶上之前的特定时间内创造类似垄断的局面，从而获得高回报率[10, 14]。Nehrt[18]以来自 8 个国家的纸张制造企业为研究对象，指出较早投资减少污染制造技术的企业，会实现超额利润增长。尽管许多学者对于先行者更易获得先发优势还是先发劣势存有争议，但值得注意的是，绿色先行者一方面可以优先获得市场准入所需的有限资源，如原材料、地理位置、客户等；另一方面可以成为规则或标准的制定者，构筑绿色壁垒，树立环境形象并获得绿色竞争优势[19]。从长期来看，这些先占竞争优势可以进一步转化为企业绩效[6]。此外，在以“绿色”为代表的五大发展理念背景下，我国大力倡导绿色、创新发展，制定了正式与非正式制度来激励社会开展绿色创业行动，并惩罚那些违反相关规则的企业[20]。因此，率先采取绿色行动的先锋者，更容易获得合法性以及政府补助和财政支持[5]。综上所述，绿色先动导向可以使企业率先抢占资源与商机，构筑绿色壁垒，有助于企业获得可持续竞争优势和高于行业平均水平的回报。基于此，本文提出如下假设。

H1：绿色先动导向对企业绩效有正向影响。

1.2 绿色创造力的中介作用

可持续发展是一项系统性挑战，企业必须创造性地应对这些挑战，以确保企业遵从环境、经济、社会三重底线原则[20]。然而，商业和管理领域总体上在可持续性方面很少关注创造力[21]，但越来越多的研究表明绿色创造力是解决环境可持续性的一个关键方面[22]。组织创造力理论认为，创造力是对产品、服务、过程或实践产生新颖和有用的想法或创意[23]。在此基础上，Chen 和 Chang[24]将绿色创造力定义为企业在绿色产品、绿色服务、绿色过程或绿色实践等方面产生新想法的能力，这些想法被认为是原创、新颖且实用的。组织能力是部署和转化资源以实现预期目标的基本过程，在绿色商业的背景下，绿色创造力被视为兼顾考虑环境可持续发展与绿色生产，并将其变为现实的能力[9]。

作为企业重要战略姿态的绿色先动导向，体现了企业倾向于率先投资绿色研发、绿色技术、绿色项目和以支持生态环境保护为目标的各类活动[25]。企业战略可以对创造力产生积极影响[26]，绿色创造力同时也展示了企业如何实施和部署战略。一方面，为获得领先的竞争优势，企业需打破传统的商业模式和行业准则，捕捉原始性信息和想法以抓住市场机会，这种目标和氛围的引导，对企业改进与创造各种绿色活动产生极大的激励作用。另一方面，为维持在行业中的领先地位，企业力图使新颖且有用的新想法不断涌现[27]。因此，企业将特别关注与本企业产品或服务相关的绿色想法，拓宽其对绿色新思想的接受度和创造性思维能力。卓越的绩效取决于企业独特的资源和能力，绿色创造力的提高可以促使企业积累更多的知识，发现更多有利可图的机会，这对企业绩效有积极的影响[28]。因此，高价值和高实用性的绿色新想法对企业绩效的发展至关重要[10]。

创造性思维是三重底线绩效观的关键驱动要素[29]。于企业而言，环境可持续与绩效“双赢”是一项复杂的挑战，需要对创造性思维方式和新想法持开放态度[21]。基于组织创造力理论，绿色创造力也必须同时具备两个属性——新颖性和有用性。新颖性要求想法是新的且与领域内的竞争对手不同，有用性要求目标受众认为是适当且有价值的。先动性往往伴随新颖性，而新颖性甚至可以影响竞争产品优势的发展[27]。因此，新颖性能够助推企业主动创造新的市场机会并超越竞争对手；有用性有助于创造盈利模式，从而对企业绩效产生积极影响。综上所述，企业为获得绿色先行者优势，需要打破原有思维框架，激励企业识别好的绿色创意或在现有的产品和服务中增加绿色新意。绿色新想法越多，代表企业绿色创造力越强，越有利于企业获得绿色竞争优势[9]，并在绿色细分市场和销售收入中获得益处。基于此，本文提出以下假设。

H2：绿色创造力在绿色先动导向与企业绩效之间起中介作用。

1.3 绿色产品创新的中介作用

绿色产品被认为是企业新的发展模式以及通过创造财富和竞争力提高人类生活质量的引擎[30]。绿色产品创新是指在产品的生命周期中，即从设计、开发到回收、再利用以及分解的过程中创新地使用环保材料[31]，以降低对环境的污染。因此，在过去的30年里，以制造业为首的企业被强烈呼吁以更加符合社会责任和环保要求的方式从事商业活动，这促进了绿色产品创新的不断增加[32]。

作为一种战略姿态，绿色先动导向体现了企业主动发现和把握生态友好型商业机会的战略倾向，同时可以帮助企业在自身内部形成一种组织力量，以生产尽可能多的创新性绿色产品[33]。因此，与传统先动型创业不同，绿色先动导向强调超前的行动并以降低对自然环境的污染和消耗为前提，这有助于对现有产品重新设计或开发新绿色产品以实现可持续竞争优势。自然资源基础观认为，企业可以通过污染预防、产品管理及可持续发展三种方式获得可持续竞争优势[6]。绿色产品创新不仅能够从产品源头上减少污染排放和资源浪费，还能够增加企业进入新市场的机会，提高其他竞争者的进入壁垒，以更好的产品质量增强全球竞争优势和可持续发展能力[34]。大量的研究已证明绿色产品创新在强化企业绿色形象、发展竞争优势、提高环境与财务绩效等方面至关重要[34, 35]。

一方面，绿色先动导向以率先行动获取先发优势为目标，提供新颖的、环境友好的产品，使企业可能会得到率先进入市场的一些好处，包括可以产生双重外部性，即创新阶段的创新溢出效应以及采用和扩散阶段的环境溢出效应[36]。另一方面，污染是资源利用率低下的体现[37]，绿色产品创新通过节约能源和资源来最大限度地减少对环境的影响，倡导低成本和全面质量管理，提升产出效率或实现产品绿色差异化，从而提升企业绩效。因此，具有强绿色先动导向的企业，会在产品或商业模式方面展示出对环境负责的管理和创新，从而达到产品使用期间及使用后对环境影响降至最低的效果。总之，绿色产品创新是一种环境责任行为，积极探索、主动创新不仅有助于企业应对复杂多变的市场趋势，防止企业产品陷入环境抗议和法律处罚，也有助于在绿色利基市场建立行业标准[9]，成为“领头羊”或标杆品牌，实现高质量绩效。基于此，本文提出如下假设。

H3：绿色产品创新在绿色先动导向与企业绩效之间起中介作用。

1.4 绿色创造力与绿色产品创新的链式中介作用

秉持绿色先动性的企业往往追求成为行业或细分市场的领军者，其绿色行为不是强制的而是自愿的。在这种目标及氛围的影响下，管理者将专注于发现、挖掘新的绿色创意并整合各种知识信息，大多数员工更有可能构建超出组织期望的个人主动性[31]，产生突破性的可持续解决方案和想法。因此，作为重要企业能力之一的绿色创造力会被激发出来。创造力侧重于创意的产生，而创新则强调创意的实施[38]。行业中领先企业并没有将那些绿色想法停留在想象上，而是将各种信息和创意转化为创新的绿色产品。Song 和 Yu[17]的实证研究发现，绿色创造力是决定企业绿色创新水平的关键条件，并正向影响绿色产品创新。Chen 和 Chang[24]首次提出绿色创造力的概念，并指出一个具有独特绿色创造力的创新产品开发团队能够有效地响应消费者的需求，从而产生卓越的绿色产品开发绩效。

当一个企业伴随强烈绿色先动倾向时，会从企业内部驱动组织产生新颖的有益于环境可持续发展的创意和想法，从而促进企业绿色创造能力的提升[24]。创造性思维过程允许更多的想法进入绿色产品设计和创新实施阶段，催化绿色产品创新[32]，进而提升企业绩效。具体来说，绿色创造力不仅能够促进企业将新颖的有价值的绿色想法转变为创业活动，获得先发优势，而且当这些创造性想法被实施时，促使企业积累更多的知识和技术进行绿色产品创新，例如，使用更少的资源，降低产品或生产流程对环境产生的影响及风险，甚至在产品开发设计阶段就防止废物产生。这种在产品生命周期的某一阶段或整个流程中走在行业前列的企业将获得先发优势，这有利于提升企业声誉和品牌形象，并能够享受产品差异化带来的更高利润。同时，绿色产品创新体现出企业致力于保护生态环境，有助于企业获得客户满意度和忠诚度、合法性以及组织认同，从而给企业带来竞争优势[5, 19]，进而促进企业绩效的提高。因此，企业在绿色先动导向战略姿态下，激发并积累企业绿色创造力，这种能力通过有用性和新颖性促进企业产品的绿色创新，进而以优异的产品性能和绿色品牌优势满足消费者潜在需求和未来需求，促进绩效的提升。结合前文假设，在绿色先动导向影响企业绩效的作用路径中，绿色创造力与绿色产品创新可能形成链式中介关系。基于此，本文提出以下假设。

H4：绿色创造力和绿色产品创新在绿色先动导向与企业绩效之间起链式中介作用。

综上所述，本文构建了“绿色先动导向—绿色创造力—绿色产品创新—企业绩效”的理论模型，如图 1 所示。

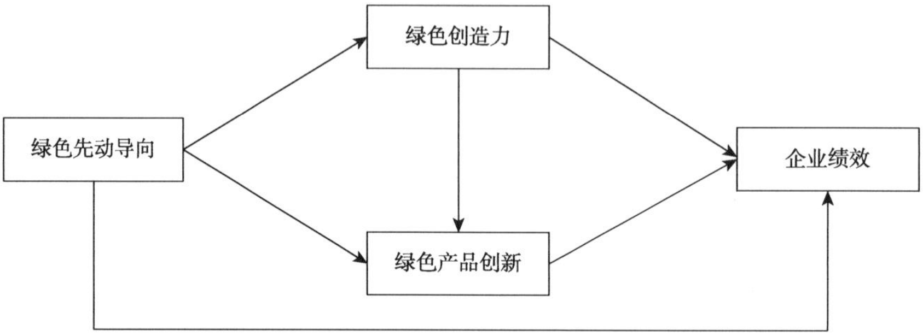

图 1　本文的理论模型

2　研究设计

2.1　样本选取

由于我国制造业的企业面临着较为严格的环境法律法规和行业竞争压力，亟须对现有产品进行优化以实现企业可持续发展，因此本文以制造业为研究对象，采用滚雪球调查法，对吉林、山东、山西、天津、北京、广东、江苏等具有不同经济发展水平的地区进行调研，以避免区域经济发展水平的影响。被调查者为董事长、总经理，以及市场部门、研发部门和销售部门负责人。在正式调查前对 50 名 MBA（master of business administration，工商管理专业型硕士研究生）学生进行预调研以修正问卷。正式调研阶段共发放问卷 400 份，剔除数据缺失和不符合逻辑的问卷，共回收 257 份有效问卷，有效回收率为 64.25%。从企业成立年限上看，1～3 年占 12.45%，4～10 年占 33.85%，11～20 年占 33.07%，20 年以上占 20.63%；从企业规模上看，100 人及以下占 19.85%，101～500 人占 42.41%，501～1000 人占 24.90%，1000 人以上占 12.84%；从企业类型上看，民营企业最多，占调查企业 48.64%，国有/集体企业占 31.52%，外商/合资企业占 16.73%，其他企业占 3.11%；从所属行业上看，电子设备企业占 13.23%，汽车制造企业占 27.24%，钢铁企业及化工企业占 20.62%，食品制造企业占 29.96%，石油加工及炼焦企业占 8.95%。

2.2　变量测量

绿色先动导向的测量借鉴 Ge 等[5]的量表，共包含“与竞争对手相比，我们通常会先于竞争对手发起绿色行动”等 3 个题项；绿色创造力借鉴 Chen 和 Chang[24]开发的量表，共包含

“企业制订了新的绿色环保理念实施计划”等 6 个题项；绿色产品创新的测量借鉴 Chen 等[31]的研究，共包含“企业在产品开发或设计时，选择产生减少污染的材料”等 4 个题项；企业绩效的测量借鉴 Khedhaouria 等[39]的研究，从市场价值、财务利润和销售额三个方面测量，共包含“与竞争对手相比，企业产品的市场占有率很高”等 3 个题项。所有题项均采用利克特 7 点式量表进行测量，评价范围从“1=完全不同意”到“7=完全同意”。此外，借鉴以往研究，将企业成立年限、规模、所有权以及所属行业设置为控制变量。

2.3 信度和效度检验

本文采用 Harman 单因素检验法，进行探索性因子分析，共提取 4 个特征值大于 1.0 的因子。其中，第一个因子共解释 35.67%的方差，未超过 40%的判断标准，因此共同方法偏差问题并不严重。此外，变量之间容忍度均高于 0.6，方差膨胀因子（variance inflation factor，VIF）数值均未超过 2，表明本文的研究不存在多重共线性问题。

在信度与效度方面，其检验结果如表 1 所示，绿色先动导向、绿色创造力、绿色产品创新以及企业绩效的 Cronbach's α 系数分别为 0.776、0.870、0.786 和 0.781，均高于 0.7，删除任何一个题项都不能显著提高各量表的信度，表明量表具有良好的内部一致性。各测量指标的 CR 在 0.863～0.903，均达到 0.7 以上，各构念的最小因子载荷值在 0.748～0.821，均大于 0.7，AVE 均达到 0.5 以上，表明量表的聚合效度较好。

表 1 信度与效度检验结果

变量	最小因子载荷	Cronbach's α	AVE	CR
绿色先动导向	0.810	0.776	0.692	0.871
绿色创造力	0.758	0.870	0.608	0.903
绿色产品创新	0.748	0.786	0.613	0.863
企业绩效	0.821	0.781	0.696	0.873

此外，验证性因子分析结果显示，四因子模型拟合指数良好（χ^2/df=1.306，CFI=0.981，TLI=0.977，IFI=0.981，RMSEA=0.035），相较三因子、二因子及单因子模型拟合程度更佳（表 2），所有变量 AVE 的平方根均大于该变量与其他变量之间的相关系数（表 3），表明量表具有较好的判别效度。

表 2 验证性因子分析结果

模型	χ^2/df	RMSEA	CFI	TLI	IFI
四因子模型	1.306	0.035	0.981	0.977	0.981
三因子模型 1)	2.235	0.069	0.921	0.906	0.922
二因子模型 2)	4.183	0.112	0.790	0.758	0.793
单因子模型 3)	6.549	0.147	0.628	0.579	0.631

1）基于四因子模型，将绿色产品创新与企业绩效合并；2）基于三因子模型，将绿色先动导向与绿色创造力合并；3）将四个变量合并为一个因子

表 3 研究变量的描述性统计和相关分析

变量	成立年限	规模	类型	行业	绿色先动导向	绿色创造力	绿色产品创新	企业绩效
成立年限								
规模	0.468**							
类型	−0.156*	−0.174**						
行业	0.171**	0.220**	0.049					
绿色先动导向	0.172**	0.139*	−0.001	0.166**	0.832			
绿色创造力	0.137*	0.152*	0.009	0.104	0.400**	0.780		
绿色产品创新	0.077	0.060	0.016	0.042	0.488**	0.343**	0.783	
企业绩效	0.158*	0.174**	−0.028	−0.081	0.423**	0.297**	0.489**	0.834
平均数	2.620	2.310	1.910	2.940	4.957	5.040	5.108	4.729
标准差	0.949	0.933	0.776	1.209	1.128	1.023	0.943	1.080

注：对角线上值为 AVE 的平方根

*、**分别表示 $p<0.05$、$p<0.01$

3 实证分析

3.1 描述性统计和相关性分析

各变量的均值、标准差和相关系数结果如表 3 所示。绿色先动导向、绿色创造力和绿色产品创新与企业绩效之间均存在显著正相关，相关系数分别为 0.423（$p<0.01$）、0.297（$p<0.01$）和 0.489（$p<0.01$）；绿色先动导向和绿色创造力与绿色产品创新之间显著正相关，相关系数分别为 0.488（$p<0.01$）和 0.343（$p<0.01$）；绿色先动导向与绿色创造力之间显著正相关（$r=0.400$，$p<0.01$）。

3.2 假设检验

本文借助 SPSS 24.0 软件，采用层级线性回归分析法对主效应及中介效应进行检验，采用 PROCESS（过程）宏命令 Bootstrap 方法进行链式中介效应检验，过程如下。

3.2.1 主效应检验

线性回归分析结果如表 4 所示，其中模型（5）为各控制变量对企业绩效的影响，模型（6）验证自变量绿色先动导向对企业绩效的影响。结果表明，绿色先动导向对企业绩效有显著正向影响（$\beta=0.427$，$p<0.001$），H1 成立。

表 4 回归分析结果

变量	绿色创造力		绿色产品创新		企业绩效			
	模型（1）	模型（2）	模型（3）	模型（4）	模型（5）	模型（6）	模型（7）	模型（8）
成立年限	0.082	0.034	0.064	0.001	0.112	0.058	0.053	0.058
规模	0.105	0.085	0.031	0.004	0.155*	0.132*	0.120	0.130**
类型	0.037	0.029	0.030	0.020	0.023	0.014	0.010	0.007
行业	0.065	0.015	0.023	−0.042	−0.135*	−0.192**	−0.194**	−0.176**
绿色先动导向		0.380***		0.494***		0.427***	0.372***	0.247***
绿色创造力							0.143*	
绿色产品创新								0.363***
R^2	0.034	0.171	0.088	0.240	0.055	0.228	0.244	0.328
调整后的 R^2	0.019	0.154	−0.008	0.225	0.040	0.212	0.226	0.312
ΔR^2	0.034	0.137	0.008	0.232	0.055	0.173	0.017	0.100
F 值	2.232	41.398***	0.523	76.484***	3.661**	56.076***	5.602*	37.290***

*、**和***分别表示 $p<0.05$、$p<0.01$ 和 $p<0.001$

3.2.2 中介效应检验

参考 Baron 和 Kenny 提出的层次回归分析法检验中介作用，如表 4 所示，在模型（1）的基础上，模型（2）验证了绿色先动导向对绿色创造力的正向影响（β=0.380，p<0.001），模型（7）将自变量绿色先动导向和中介变量绿色创造力一同放入回归方程后，绿色先动导向对企业绩效仍具有显著正向影响，但回归系数 β 由 0.427 下降到 0.372（p<0.001），表明绿色创造力部分中介了绿色先动导向与企业绩效的关系，H2 成立。同理，模型（4）验证了绿色先动导向对绿色产品创新的正向影响（β=0.494，p<0.001），模型（8）将自变量绿色先动导向和中介变量绿色产品创新一同放入回归方程，绿色先动导向对企业绩效正向影响仍然显著，但回归系数 β 由 0.427 下降到 0.247（p<0.001），表明绿色产品创新部分中介了绿色先动导向与企业绩效的关系，H3 成立。

3.2.3 链式中介效应检验

利用 PROCESS 宏命令，采用 Bootstrap 方法对绿色创造力和绿色产品创新在绿色先动导向与企业绩效关系间的链式中介效应进行检验。如表 5 所示，在 95%置信区间下，重复取样 10 000 次，百分比置信区间为（0.005，0.052），偏差矫正置信区间为（0.006，0.057），均不包含 0，因而该链式中介效应显著，因此，H4 成立。

表5 链式中介效应检验结果

变量		系数	标准误	Bootstrap（95%置信区间）	
因变量	自变量			置信区间（P）	置信区间（BC）
企业绩效	绿色先动导向	0.023	0.012	（0.005，0.052）	（0.006，0.057）

3.2.4 稳健性检验

本文根据 Preacher 和 Hayes[40]的建议，采用 Bootstrap 方法对绿色创造力及绿色产品创新在绿色先动导向和企业绩效关系之间的中介作用进行进一步检验。如表 6 所示，在重复取样 10 000 次，95%置信区间下，绿色创造力及绿色产品创新偏差矫正、百分比置信区间皆不包含 0，表明中介效应结果的稳健性较好。

表6 稳健性检验结果

路径	直接效应	间接效应	Bootstrap（95%置信区间）			
			置信区间（P）		置信区间（BC）	
绿色先动导向—绿色创造力—企业绩效	0.346	0.058	0.007	0.132	0.008	0.136
绿色先动导向—绿色产品创新—企业绩效	0.232	0.173	0.096	0.253	0.104	0.260

4 结论与启示

4.1 研究结论

基于自然资源基础观理论，利用 257 份制造企业样本数据，本文检验了绿色先动导向与企业绩效的关系，并分析了绿色创造力与绿色产品创新的中介及链式中介效应。研究结果表明，企业在采取绿色先动导向战略姿态下，可以促进企业绩效的提升，绿色创造力和绿色产品创新在绿色先动导向与企业绩效之间起到部分中介作用，绿色创造力的提升与绿色产品创新的实施是绿色先动型企业提升绩效的重要路径。绿色创造力和绿色产品创新在绿色先动导向与企业绩效之间起到链式中介作用，即绿色先动导向越高的企业，其绿色创造力越强，越容易进行绿色产品创新，并实现高水平绩效。

4.2 理论贡献与管理启示

从理论角度上看，首先，本文拓宽了绿色创业导向的研究，证明了绿色创业导向子维度——绿色先动导向作为独立研究构念在企业绩效研究中发挥的理论价值。与常规先动型企业不同，绿色先动导向强的企业追求生态保护和企业发展的双赢，有效的绿色先动导向有助于减少环境退化并提高企业经济价值，进一步拓宽绿色创业理论。其次，基于自然资源基础观理论，本文深入探讨了绿色先动导向型企业通过绿色创造力及绿色产品创新实现企业绩效增长的路径模型。尽管创造力作为解决环境问题的方法以及全球可持续发展的关键驱动因素越来越受到关注，但现有文献更多关注于其与绿色创新绩效的关系。对于具有绿色先动导向的企业而言，新颖且有价值的想法是决定其能否领先竞争对手获得先发优势的重要影响因素，因此，本文验证了绿色创造力和绿色产品创新的重要中介效应，打开了绿色先动导向与企业绩效关系的“黑箱”，弥补既有文献对于二者之间内在作用机制解释不足的缺陷。最后，本文还分析了绿色创造力与绿色产品创新共同起到的链式中介作用，更好地解释了绿色先动导向与企业绩效关系的内在原因，为先行者如何提高可持续竞争优势以及实现财务绩效增长提供了答案及新的研究视角。

本文的管理实践启示在于以下三个方面。

第一，环境问题已成为全球主流及焦点问题，许多企业正寻求机会来抓住这一机遇，而不仅仅是遵从环境法规。因此，企业在战略选择上应对环境问题给予足够重视，以一种具有竞争力和对环境敏感的可持续方式开展经营活动，绿色先动导向为管理者提供了未来发展方向。企业要注重培育绿色创业的先动性，并将其纳入战略体系，鼓励在竞争对手之前采取绿色创业行动，以攫取更大的可持续竞争优势并提升企业绩效。

第二，自然资源基础观认为那些聚焦于未来技术和市场需求的“超越绿色化”战略的关键问题在于了解哪些资源和能力与有效的清洁技术或绿色产品管理相关联，也就是说发展的重点应放在创新和未来定位上[41]。因此，率先采取绿色创业行动，创新“绿色化”产品，是以制造业为代表的企业提升绩效、引领低碳发展的关键路径。

第三，绿色先动导向需要相应的组织能力和行动来保障其战略开展实施。一方面，绿色创造力提高了企业在节约能源、回收有价值资源及工作流程等方面产生新颖且有用的想法的能力，新颖性有利于企业先动性的实现，有用性提高了对客户的吸引力和忠诚度；另一方面，企业率先对产品进行绿色化创新，不仅有助于提高资源利用率，减少环境污染和浪费，而且有助于企业塑造差异化的竞争优势。因此，企业可通过培训计划、团队建设、头脑风暴等方式塑造和提升企业的绿色创造力和绿色产品创新水平。

4.3 研究不足与展望

本文的研究有以下不足之处，有待未来深入探讨。第一，本文关注企业绩效中的财务绩效方面，且使用了主观测量的方式，未来的研究可以进一步探讨其他方面的绩效，如成长绩效、环境绩效、社会绩效。第二，问卷由单一的被调查者填写，虽然 Harman 单因素检验表明共同方法偏差并不严重，但它可能仍然存在，未来建议从不同的信息源收集变量数据。第三，横截面数据无法反映构念的动态变化情况，未来可以采用纵向跟踪数据测量，区分绿色先动导向和企业绩效的时间间隔，以获得更精确的研究结果。第四，为进一步扩展研究路径，未来的研究可以进一步探索其他中介作用，如创业机会识别、绿色吸收能力、组织学习等中介变量的作用机制。第五，本文聚焦于制造业，未来可以在具有不同特征的其他行业进行复制研究，以进一步检验结果的普适性。

参考文献

[1] O'Neil I, Ucbasaran D. Balancing "what matters to me" with "what matters to them": exploring the legitimation process of environmental entrepreneurs[J]. Journal of Business Venturing, 2016, 31 (2): 133-152.

[2] Patzelt H, Shepherd D A. Recognizing opportunities for sustainable development[J]. Entrepreneurship Theory and Practice, 2011, 35 (4): 631-652.

[3] George B A. Entrepreneurial orientation: a theoretical and empirical examination of the consequences of differing construct representations[J]. Journal of Management Studies, 2011, 48 (6): 1291-1313.

[4] Anderson B S, Kreiser P M, Kuratko D F, et al. Reconceptualizing entrepreneurial orientation[J]. Strategic Management Journal, 2015, 36 (10): 1579-1596.

[5] Ge B S, Jiang D K, Gao Y, et al. The influence of legitimacy on a proactive green orientation and green performance: a study based on transitional economy scenarios in China[J]. Sustainability, 2016, 8 (12): 1-20.

[6] Hart S L. A natural-resource-based view of the firm[J]. Academy of Management Review, 1995, 20 (4): 986-1014.

[7] Powell S. The management and consumption of organisational creativity[J]. Journal of Consumer Marketing, 2008, 25 (3): 158-166.

[8] UNESCO. Transforming our world: the 2030 agenda for sustainable development[EB/OL]. http://www.unesco.org/new/en/culture/themes/culture-and-development/hangzhou-congress/the-contribution-of-creativity-to-sustainable-development[2015-09-15].

[9] Zameer H, Wang Y, Yasmeen H. Reinforcing green competitive advantage through green production, creativity and green brand image: implications for cleaner production in China[J]. Journal of Cleaner Production, 2020, 247: 1-15.

[10] Lumpkin G T, Dess G G. Clarifying the entrepreneurial orientation construct and linking it to performance[J]. The Academy of Management Review, 1996, 21 (1): 135-172.

[11] Chen Y S, Chang T W, Lin C Y, et al. The influence of proactive green innovation and reactive green innovation on green product development performance: the mediation role of green creativity[J]. Sustainability, 2016, 8: 966-978.

[12] Covin J G, Green K M, Slevin D P. Strategic process effects on the entrepreneurial orientation-sales growth rate relationship[J]. Entrepreneurship Theory and Practice, 2006, 30 (1): 57-81.

[13] Dean T J, McMullen J S. Toward a theory of sustainable entrepreneurship: reducing environmental degradation through entrepreneurial action[J]. Journal of Business Venturing, 2007, 22 (1): 50-76.

[14] Fatoki O. Green entrepreneurial orientation and firm performance in South Africa[J]. Entrepreneurship and

Sustainability Issues，2019，7（1）：247-262.

[15] Jiang W B，Chai H Q，Shao J，et al. Green entrepreneurial orientation for enhancing firm performance：a dynamic capability perspective[J]. Journal of Cleaner Production，2018，198（2）：1311-1323.

[16] Hart S L. Beyond greening：strategies for a sustainable world[J]. Harvard Business Review，1997，75（1）：66-76.

[17] Song W H，Yu H Y. Green innovation strategy and green innovation：the roles of green creativity and green organizational identity[J]. Corporate Social Responsibility and Environmental Management，2018，25（2）：135-150.

[18] Nehrt C. Timing and intensity effects of environmental investments[J]. Strategic Management Journal，1996，17（7）：535-547.

[19] 陈柔霖，田虹. 组织环境认同对企业绿色竞争优势的影响研究[J]. 科学学研究，2019，37（2）：329-337，374.

[20] Nikolaou E I，Ierapetritis D，Tsagarakis K P. An evaluation of the prospects of green entrepreneurship development using a SWOT analysis[J]. International Journal of Sustainable Development & World Ecology，2011，18（1）：1-16.

[21] Mitchell I K，Walinga J. The creative imperative：the role of creativity，creative problem solving and insight as key drivers for sustainability[J]. Journal of Cleaner Production，2017，140：1872-1884.

[22] Stables K. Educating for environmental sustainability and educating for creativity：actively compatible or missed opportunities?[J]. International Journal of Technology and Design Education，2009，19（2）：199-219.

[23] Amabile T M. A model of creativity and innovation in organizations[J]. Research in Organizational Behavior，1988，10：123-167.

[24] Chen Y S，Chang C H. The determinants of green product development performance：green dynamic capabilities，green transformational leadership，and green creativity[J]. Journal of Business Ethics，2013，116（1）：107-119.

[25] Aragón-Correa J A，Sharma S. A contingent resource-based view of proactive corporate environmental strategy[J]. The Academy of Management Review，2003，28（1）：71-88.

[26] Johnston R E，Bate J D. The power of strategy innovation：a new way of linking creativity and strategic planning to discover great business opportunities[J]. Academy of Management Executive，2004，18（2）：158-160.

[27] Im S，Montoya M M，Workman Jr J P. Antecedents and consequences of creativity in product innovation teams[J]. Journal of Product Innovation Management，2013，30（1）：170-185.

[28] Im S，Workman Jr J P. Market orientation，creativity，and new product performance in high-technology firms[J]. Journal of Marketing，2004，68（2）：114-132.

[29] Awan U，Sroufe R，Kraslawski A. Creativity enables sustainable development：supplier engagement as a boundary condition for the positive effect on green innovation[J]. Journal of Cleaner Production，2019，226：172-185.

[30] Dangelico R M. Green product innovation：where we are and where we are going[J]. Business Strategy and the Environment，2016，25（8）：560-576.

[31] Chen Y S，Lai S B，Wen C T. The influence of green innovation performance on corporate advantage in Taiwan[J]. Journal of Business Ethics，2006，67（4）：331-339.

[32] Ogbeibu S，Emelifeonwu J，Senadjki A，et al. Technological turbulence and greening of team creativity，product innovation，and human resource management：implications for sustainability[J]. Journal of Cleaner Production，2020，244：703-718.

[33] 李先江. 服务业绿色创业导向、低碳创新和组织绩效间关系研究[J]. 科学学与科学技术管理，2012，33（8）：36-43.

[34] Chiou T Y，Chan H K，Lettice F，et al. The influence of greening the suppliers and green innovation on environmental performance and competitive advantage in Taiwan[J]. Transportation Research Part E：Logistics and Transportation Review，2011，47（6）：822-836.

[35] Xie X M，Huo J G，Zou H L. Green process innovation，green product innovation，and corporate financial performance：a content analysis method[J]. Journal of Business Research，2019，101：697-706.

[36] Rennings K. Redefining innovation—eco-innovation research and the contribution from ecological economics[J]. Ecological Economics，2000，32（2）：319-332.

[37] Porter M E，Linde C V D. Green and competitive：ending the stalemate[J]. Harvard Business Review，1995，73（5）：120-134.

[38] Song W H，Wang G Z，Ma X F. Environmental innovation practices and green product innovation performance：a perspective from organizational climate[J]. Sustainable Development，2020，28（1）：224-234.

[39] Khedhaouria A，Gurău C，Torrès O. Creativity，self-efficacy，and small-firm performance：the mediating role of entrepreneurial orientation[J]. Small Business Economics，2015，44（3）：485-504.

[40] Preacher K J，Hayes A F. SPSS and SAS procedures for estimating indirect effects in simple mediation models[J]. Behavior Research Methods，Instruments，& Computers，2004，36（4）：717-731.

[41] Hart S L，Dowell G. Invited editorial：a natural-resource-based view of the firm：fifteen years after[J]. Journal of Management，2011，37（5）：1464-1479.

Influence of Green Proactiveness Orientation on Firm Performance：A Chain Mediating Model

Zhang Xiue，Li Qing

（Business School，Jilin University，Changchun 130012，China）

Abstract: Based on the natural-resource-based view，and the configuration of “orientation–ability–behavior–outcomes”，this paper conceptualizes a model linking green proactiveness orientation to firm performance，in which green creativity and green product innovation as the mediators.Based on 257 valid questionnaires from manufacturing companies, the empirical results show as follows: green proactiveness orientation has a positive influence on firm performance; green creativity and green product innovation partially mediate the relationship between green proactiveness orientation and firm performance; green creativity and green product innovation have chain mediating effects on the relationship of green proactiveness orientation and firm performance.

Keywords: green proactiveness orientation; green creativity; green product innovation; firm performance

社会资本对失败再创业的影响：制度环境视角*

陈书洁[1]，李庆雄[1]，方国阳[2]

（1.首都经济贸易大学 劳动经济学院，北京 100070；2.清华大学 公共管理学院，北京 100084）

摘要：采用全球创业观察（global entrepreneurship monitor，GEM）、全球竞争力报告（global competitiveness report，GCR）和全球治理指标（world governance indicators，WGI）的数据，利用Probit模型检验了社会资本对失败再创业的影响机制。研究发现：社会资本不仅能促进失败再创业，在管制制度较宽松、规范制度和助力制度较完善的国家，更能促进失败再创业。要促进中国高质量连续创业活动，不仅要优化创业者的社会资本，而且要健全适合于中国特色的创业制度环境，大力激活失败再创业这一新型创业形态。

关键词：社会资本；创业失败；连续创业；制度环境

中图分类号：F279.2　　**文献标识码**：A

1 研究背景

创业不仅扩充了劳动力雇佣市场，还起着创新生产业态与追加生产附加值的作用，推动国家经济高质量转型发展。当前中国经济增速放缓，进入高质量发展阶段，从挖掘创新增长动力来看，创业是为现有经济发展模式注入活力的突破口。虽然国家政策目标在积极推动创业，但实际上创业失败的概率非常高[1]且对投资人的回报率低[2]，而且相对于初次创业，对失败再创业的关注较少。创业本质上是一种高风险性经济活动，创业失败是常态，鼓励失败的创业者重振旗鼓、转败为胜具有现实意义。在创业失败过程中培养的抗逆力、积累的经

---

*基金项目：北京市习近平新时代中国特色社会主义思想研究中心项目“多元主体共建共治共享城市社区教育治理制度研究”（20LLSMC057）。

作者简介：陈书洁（1982—），女，贵州贵阳人，首都经济贸易大学劳动经济学院副教授，研究方向为人才制度与政策、社会治理；李庆雄（1997—），男，福建永安人，首都经济贸易大学劳动经济学院硕士研究生，研究方向为创新创业研究；（通讯作者）方国阳（1991—），男，河北唐山人，清华大学公共管理学院博士研究生，研究方向为组织与技术、数字政府、政府购买。

验与人脉，在重新创业时是一笔巨大的财富[3]，这种积累对于增加连续创业的创新行为作用突出，有利于提高国家创业质量、稳定就业环境和把握就业新态势，创造更多经济社会价值[4]。

由于个体创业失败积累的社会资源是重要的社会资本，连续创业者往往有更多的资本获取途径，用社会资本来考察全球失败再创业行为有其合理性。西方相关研究早已发现弱连带的价值[5]以及嵌入性资源的求职优势[6]，而在中国的制度和文化特征下，强连带关系则对个人求职就业十分重要[7]。这些研究发现为探讨社会资本与再创业的关系提供了理论支撑。从现有研究来看，失败归因和后续创业逐渐成为一个重要的研究主题[8]。已有研究主要从微观层面的失败归因、个人特质、自我修复、家庭推动以及宏观层面的制度设计等方面对失败再创业进行解释。但创业不仅仅是一种经济活动，还是一种社会行为，与社会联结密切相关。特别是失败后再创业，关系到特定制度情境中的社会资本。在微观个体层面上，失败的创业者积累的经验，包括人力资本和社会资本的积累，提高了其识别创业机会的能力以及失败再创业的信心。此外，失败再创业者的社会支持，体现在其在情感、信息和资源方面的获得和帮助，这种社会成员的支持一方面能够对创业失败者的失败情感起到缓和作用，另一方面也有利于为其再次创业提供物质上的支持。而且，从创业的外部宏观环境来看，社会资本积累的基础本质上是制度环境整合的结果[9, 10]，必然会对失败再创业造成不容忽视的影响。

失败再创业行为离不开现实的社会环境和制度资源提供的条件，制度是为了减少不确定性而构建的人与人之间相对稳定的作用结构。业已形成的制度安排，会促进或者制约失败再创业，其中包括创业者本身对社会资本的识别和利用。基于此，全球化的失败再创业行为，实质上是社会资本嵌入制度环境下的适应性结果。现有制度体系下的再创业研究也关注到了相似的议题。国家制度设计确实能够帮助失败的创业者重新创业[11-13]，但社会过程中的制度与个体行为的变迁，往往要考虑赖以生存的社会资本和社会结构。因而，具有较高社会资本的创业者在正式制度缺失的环境中能获取创业机会[14]，却会在急剧的制度变化中丧失资源优势[15]。本文尝试解答的问题是，失败再创业者的行为适应在何种制度环境下不再只是“被规则”的过程，而是逐渐接纳制度安排，并通过社会资本作用演化成失败再创业的主动行为。

2 理论回顾与研究假设

2.1 社会资本与失败再创业

中国劳动力市场研究表明，动用社会资源可以获得更加充分的信息，带来更多的收入回报和求职优势[16]。尤其在获得某些未公开的内部信息方面，社会资本作用显著。特别是获取更加充分的信息意味着机会增多，交换、合作、竞争等行为可以加强创业者之间的联系，促进失败再创业。在同等条件或稍弱于竞争对手的情况下，拥有较高社会资本的创业者能够获得优先选择权，更易于获得创业机会和资源，开展再次创业的活动。

社会资本可能直接或间接影响失败再创业活动。社会资本丰富的创业者易获得创业资源并提高创业绩效[17, 18]。由于社会网络中充满了商业信息、合作伙伴等，企业主的社会网络对创业过程至关重要[19]。同时，社会资本通过人力资本、创业者亲友圈、信任等方式间接影响失败再创业。工作经验丰富的创业者更容易识别创业机会[20]；潜在创业者亲友的社会网络状况显著影响创业行为[21]；信任通过信息沟通等渠道提高个人创业概率，影响企业家精神[22]。由此看来，社会资本能够满足失败者再次创业所需的社会支持。如果在市场信息不完备的情况下，信息质量对于创业效率具有非常重要的影响[23]，社会资本使创业者易于获取高质量的信息，从而获取更多的再次创业机会。因此，本文提出如下假设。

H1：社会资本对失败再创业有促进作用。

2.2 社会资本影响效应的异质性

把失败当作一种消极的耻辱经历，还是二次创业的缓冲剂，取决于个人的失败修复程度，取决于制度环境对于失败经历的宽容程度，还取决于社会对再创业的支持力度。过程视角下的创业失败研究，关注创业者社会资本特征对后续创业行为的影响。但是，由于缺乏对不同制度环境中社会资本作用的理解，现有社会资本理论对失败再创业行为表现的差异和预判都不足[24]。

制度是社会交往中的规则和机制[25]，制度环境会影响社会资本作用机制的强弱。制度理论认为，管制制度、规范制度和认知制度构成了主体制度环境[26]。创业活动的制度支持，尤其是国家风险投资的可获得性决定着创业成功与否，制度助力维度被越来越多地引入到研究中[27]。相对于一般创业过程而言，失败再创业者面临着深层次的行动阻力，包括市场成本、社会关系成本与对未来的消极预期。市场成本直接体现为管制制度下的市场配置机制，市场配置失灵有可能使创业者再度面临经济损失。社会关系成本关系到已经失败过的创业者是否还能公平获得某些创业机会。如果创业连续失败，将极大消减创业者对未来的预期。因此，国家或政府对失败再创业者提供制度性补给与支持是必要的。

管制制度是具有强制性的促进或约束特定行为的法规政策。借鉴 Arslan 和 Larimo[28]的观点，用财产权、知识产权保护、司法独立、政府规制、司法效率和政府决策透明度这六个指标来衡量一国的管制制度。从国别来看，日本的管制制度较为严紧，失败再创业的概率较低，而美国、英国等国家的管制制度较为宽松，失败再创业的概率较高。陈刚[29]指出配置机制的封闭性使得创业者弱社会网络发挥作用较小，而在管制制度较为宽松的国家，市场配置较为开放与优化，社会资本发挥作用的效力更大。因此，本文提出如下假设。

H2a：社会资本对管制制度较宽松的国家的失败再创业影响更大。

规范制度是社会公众所需要共同遵循的价值观、信仰和规范，是一种非正式制度。腐败不仅会抑制经济活动，而且会损害企业家精神。在腐败环境中，企业家必须根据非正式的社会规范对自身行为做出调整以降低腐败的负面效应[30]，这使得创业失败者在再次创业的过程中需要支付较大的腐败成本，打击了创业者的积极性[31]。而反腐败能显著促进创业活动，增加创业活动的频次和数量[32]。因此，本文提出如下假设。

H2b：社会资本对规范制度较完善的国家的失败再创业影响更大。

风险投资反映了制度的助力维度，可以正面评估创业者的失败。风险投资者看重创业者过去的经验，利用资金优势和人脉关系，为创业失败者提供创业咨询。这有助于重建和激发失败创业者的信心和行动[33]。社会资本在风险投资可得性高的友好环境下，更有助于失败创业者重新开始。有过失败经验的创业者更容易获得风险投资的青睐[34]。另外，风险投资有助于创业者获得专业的建议，进一步增强个体社会资本。因此，本文提出如下假设。

H2c：社会资本对助力制度较完善的国家的失败再创业影响更大。

3 数据来源、计量模型与描述性统计

3.1 数据来源

本文数据来自 2012～2016 年 GEM、GCR 和 WGI 三大全球性数据库和研究报告。通过手动整理并匹配 19 个国家宏观和微观的混合数据，提取失败再创业者有效样本 3813 份。个体数据来源于 2012～2016 年 GEM 数据，主要出于三点考虑：第一，自 2007 年起，GEM 项目开始调查个体创业退出的原因，使得本文能够提取到由于创业失败而退出的样本；第二，GEM 数据库中 2012～2016 年的样本量涵盖多个经济体，考虑到样本的针对性以及制度环境的可获取性，本文选取了 G20（Group 20，二十国集团）中的 19 个国家作为研究样本，涵盖发达国家与发展中国家；第三，GEM 采用随机抽样持续跟踪调查，因此，各年份的调查对象中关于创业失败者、创业失败再创业者这些与本文紧密相关的研究对象的分布，符合随机样本的统计要求，避免了样本自选择等其他创业调查可能面临的统计偏差。

数据处理步骤如下：第一，本文从 GEM 随机调查中，筛选出上一年已经创业退出，且是由于失败（不盈利、陷入财务困境）而退出的样本；第二，手动清理数据，剔除了年龄在 18 岁至 64 岁之外的非工作人口；第三，通过匹配调查年份和国家名称，将宏观层面国家制度前置一年的数据，合并到 GEM 个体微观数据中。前置制度变量的好处是能反映制度发挥影响的时间效应，同时进一步避免模型内生性的影响。

经过合并和整理后，本文最终得到了覆盖 19 个国家，跨 5 个年度的有效失败再创业者样本 3813 份。样本不仅满足分层线性回归的要求，而且考虑了各国制度环境特征。19 个国家呈现不同的制度环境，并且 5 年间存在制度变化，这有助于探究自变量变化所引起的连续创业行为的差异。主要研究变量及解释如表 1 所示。

表 1 研究变量及说明

维度	变量	变量解释
失败再创业	再创业	尝试创业或共同拥有某家公司=1，否则=0
社会资本	关系资本	认识 2 年内创业者=1，不认识=0
	信息资本	有创业的好机会=1，没有=0
制度环境	管制制度	财产权、知识产权保护、司法独立、政府规制、司法效率和政府决策透明度
	规范制度	腐败控制
	助力制度	风险投资可得性
个体特征	年龄	按调查年份计算的实际年龄（单位：年）
	性别	男=1，女=0
	创业技能	有=1，无=0
	教育水平	学历为本科或以上=1，本科以下=0
国家特征	创新环境	创新能力
	经济发展水平	人均 GDP，将数据结果取对数

注：GDP 即 gross domestic product，国内生产总值

关于被解释变量失败再创业，本文参考郑馨等[12]对失败再创业的测量。首先，询问创业者“在过去一年，是否曾卖出、关闭、终止、放弃你拥有和管理的一家企业”，如果回答“是”，继续询问退出原因，如果原因是“企业不盈利”和“企业陷入财务困境”，则定义为“创业失败”，选为基准样本。对于创业失败的个体，进一步考察其当年是否创业，如果“正在独立或与其他人一起尝试创业”或“共同拥有某家公司”，则定义为 1，否则定义为 0。

关于解释变量社会资本，在 GEM 数据中无法找到类似直接的测量指标，因此，本文采用间接测量。借鉴刘鹏程等[35]的做法，本文选取 GEM 调查项“是否认识 2 年内创业的创业者”，从社会关系测量角度将其列为社会资本衡量指标之一。创业者在创业初期所认识的其他创业者，可能给予其情感支持、创业经验、创业资金，这无疑是重要的社会资本。此外，本文选取 GEM 调查项“在接下来的六个月里，在你居住的地方会有创业的好机会吗”，从创业机会识别和信息采集角度将其列为社会资本衡量指标。创业者能否把握创业机会取决于个体对于机会的警觉意识和识别能力。边燕杰和杨洋[36]指出，要想成功创业必须处理好获取商机、获取资源和提高经营绩效的问题。因此，创业者对创业机会的识别关系到信息资源的获取，可以运用搜寻到的信息开展再创业活动。将两个指标合成一个总体指标时，若关系资本为 1 或者信息资本为 1，则社会资本定义为 1，否则社会资本定义为 0。

关于调节变量制度环境，本文从管制制度、规范制度和助力制度来检验社会资本的异质性作用机制。其中，从 GCR 分类指标中，提取财产权、知识产权保护、司法独立、政府规制、司法效率和政府决策透明度这六个指标来衡量管制制度，计算其得分均值作为管制制度数据。规范制度用 WGI 中的“腐败控制”来反映，亲密关系易滋生腐败。助力制度用 GCR 中的“风险投资可得性”来代理，表示制度助力失败再创业活动的可能性。

关于控制变量，个体特征包括年龄、性别、创业技能、教育水平。国家特征包括经济发展水平和创新环境等。此外，本文还控制了数据调查年份变量。

3.2 计量模型

为分析社会资本对个体失败再创业的影响，本文构建了个体失败再创业的 Probit 模型：

$$\Pr(\text{Restart}=1)=\phi(\alpha+\beta\text{Scapital}+\gamma X_1+\lambda X_2) \quad (1)$$

式中，二值变量 Restart 表示个体失败再创业；解释变量 Scapital 表示社会资本；X_1 和 X_2 分别表示个体特征和国家特征控制变量；待估系数 β 表示社会资本对个体失败再创业的边际效应。

此外，还重点分析了不同制度环境下社会资本影响效应的异质性效果。在式（1）的基础上，加入不同制度环境和社会资本的交互项。具体模型如式（2）所示：

$$\Pr(\text{Restart}=1)=\phi(\alpha+\beta_1\text{Scapital}+\beta_2 Y+\beta_3\text{Scapital}\times Y+\gamma X_1+\lambda X_2) \quad (2)$$

式中，Y 表示不同的制度环境，包括管制制度（Reg）、规范制度（Nor）和助力制度（Con）。

3.3 描述性统计

样本主要为年龄在 18～64 岁的工作人口，剔除缺失关键信息后，最终得到有效样本 3813 个。表 2 报告了主要变量的描述统计结果。统计结果显示，19 个国家中失败再创业平均水平为 42.6%，半数以上的失败创业者会放弃创业。进一步分析数据可知，女性创业失败后再创业的比例低于男性。另外，不同国家之间失败再创业情况存在显著差异。印度尼西亚（57.58%）和美国（49.21%）的失败再创业比例较高，中国（46.26%）居中，南非最低，仅为 18.09%。世界前五大经济体中，美国失败再创业比例接近 50%。

表 2 主要变量的描述性统计结果

项目	变量	均值	标准差	最小值	最大值
被解释变量	失败再创业	0.426	0.495	0	1.000
解释变量	社会资本	0.725	0.446	0	1.000
调节变量	管制制度	3.954	0.670	2.400	5.533
	规范制度	0.121	0.720	−1.060	1.920
	助力制度	2.945	0.611	1.700	4.500
个体特征	年龄	39.236	11.609	18.000	64.000
	性别	0.578	0.494	0	1.000
	创业技能	0.707	0.455	0	1.000
	教育水平	0.183	0.386	0	1.000
国家特征	创新环境	4.021	0.686	2.900	5.900
	经济发展水平	9.418	0.800	7.274	11.043

4 社会资本影响失败再创业的经验分析

4.1 社会资本对失败再创业的影响

首先，对失败再创业中社会资本的边际效应进行了检验。由表 3 的模型（1）可知，在仅加入控制变量和调节变量的情况下，性别、创业技能、管制制度、规范制度、助力制度、年龄^2、人均 GDP 和人均 GDP^2 均显著作用于失败再创业，年龄、教育水平和创新环境影响不显著。在表 3 的模型（2）中，社会资本系数为 0.1426 且在 1%水平上显著，表明控制其他因素后，社会资本对失败再创业影响为正，社会资本较丰富的创业失败者比社会资本较匮乏的创业失败者再次创业的概率多出 14.26 个百分点。这一结果符合 H1。

表 3 社会资本对失败再创业的影响

变量		模型（1）	模型（2）
自变量	社会资本		0.1426*** (0.0178)
调节变量	管制制度	−0.1976*** (0.0267)	−0.1963*** (0.0265)
	规范制度	0.1943*** (0.0393)	0.2083*** (0.0389)
	助力制度	0.0036*** (0.0256)	0.1166*** (0.0264)
个体特征	年龄	0.0068 (0.0045)	0.0051 (0.0045)
	年龄^2	−0.0001* (0.0001)	−0.0001 (0.0001)
	性别	0.1158*** (0.0158)	0.1153*** (0.0157)
	创业技能	0.1877*** (0.0168)	0.1666*** (0.0170)
	教育水平	0.0023 (0.0207)	−0.0046 (0.0205)
国家特征	创新环境	0.0036 (0.0255)	0.0062 (0.0254)
	人均 GDP	0.5234** (0.2479)	0.5119** (0.2466)
	人均 GDP^2	−0.0346** (0.0139)	−0.0343** (0.0139)
年份	年份固定效应	控制	控制
Wald χ^2		247.39***	296.97***
观测值		3813	3813

注：表中报告了边际效应，括号内为稳健标准误

***、**和*分别表示在 1%、5%和 10%水平上显著

从个人特征来看，性别对失败再创业有显著的正向影响，表明男性相比于女性表现出更高的失败再创业概率。这与性别角色分工的假说一致，“男主外，女主内”的观念在19个国家中趋于一致。创业技能对失败再创业具有显著的正向影响，表明具备创业技能的创业者表现出更高的失败再创业概率。因为相比于初次创业者，有过创业失败经历的连续创业者绩效表现更优，积累的经验能够产生隐性优势。年龄对失败再创业影响不一定显著，不同年龄特征的个体的创业认知不同。教育水平对失败再创业影响不显著，相对于学历而言，创业群体敢于冒险、开拓性的个人特质及对行业局势的把握可能更为突出。这与萧志泳和高建[37]指出的受过越多教育的人，虽然把握创业机会的可能性较大，但是机会成本也相对较高，不利于开展创业活动的结论基本一致。

从制度环境影响来看，管制制度对失败再创业有显著的负向影响，较宽松的管制制度表现出更高的失败再创业概率。因为管制制度较为宽松的国家市场配置较为开放，失败再创业需要包容开放的管制制度与市场机制。规范制度对失败再创业有显著的正向影响，较完善的规范制度表现出更高的失败再创业概率。较为严格的腐败控制使得失败再创业活动在更加公正廉洁的环境中开展。助力制度对失败再创业有显著的正向影响，较完善的助力制度表现出更高的失败再创业概率。人均GDP与失败再创业呈现倒“U”形关系，即随着人均GDP增加，创业者失败再创业概率先增加后减少。最后，显著性检验结果显示，模型（1）、模型（2）的Wald检验均在1%水平上显著，证实了计量模型设定的合理性。

4.2 不同制度环境下社会资本对失败再创业影响的异质性

本文依次加入社会资本与管制制度、规范制度和助力制度的交互项，以此来检验社会资本对不同制度环境下个体失败再创业的影响效果。

在表4中，模型（3）～模型（5）的结果显示，社会资本与管制制度、规范制度和助力制度的交互项系数分别为−0.1010、0.0675和0.0673，且均在1%水平上显著，表明社会资本对不同制度环境下个体失败再创业存在一定的异质性。H2a、H2b和H2c得到验证。具体表现为，社会资本在管制制度较为宽松的环境下对失败再创业的促进作用，要明显高于管制制度较为严紧的环境。这是因为，较为宽松的制度环境下，市场机制根据市场需求进行再配置，创业者能够充分利用社会关系网络来接收创业信息。社会资本在规范制度较为完善的环境下对失败再创业的促进作用，要明显高于规范制度较为不完善的环境。这是因为，反腐败环境能使得社会资本发挥作用而无须支付“随机性税收”，以此促进失败再创业活动。社会资本在助力制度较为完善的环境下对失败再创业的促进作用，要明显高于助力制度较为不完善的环境。这是因为，有经验的创业者或有过失败经验的创业者更容易获得风险投资的青睐，从而利于失败再创业再次展开。

表4 社会资本对失败再创业影响的异质性

变量	模型（3）	模型（4）	模型（5）
社会资本	0.5419*** （0.0847）	0.1280*** （0.0181）	−0.0467 （0.0681）

续表

变量	模型（3）	模型（4）	模型（5）
社会资本×管制制度	−0.1010*** （0.0209）		
社会资本×规范制度		0.0675*** （0.0228）	
社会资本×助力制度			0.0673*** （0.0226）
控制变量	有	有	有
Wald χ^2	272.61***	276.60***	285.85***
观测值	3813	3813	3813

注：表中报告了边际效应，括号内为稳健标准误

***表示在1%水平上显著

4.3 稳健性检验

4.3.1 因变量的替代检验

由于失败再创业是创业的一种特殊形式，为进一步避免样本选择偏差，本文采用创业选择进行替代性检验。研究表明，初期创业者的创业选择定义为创业启动已持续12个月，并且个人拥有全部或部分所有权来衡量是否参与创业活动[38]。如表5所示，主效应得到稳健性支持。社会资本对失败再创业的异质性效应，除管制制度外，其他均得到稳健性支持。

表5 更换因变量为创业选择的稳健性检验结果

变量	模型（1）	模型（2）	模型（3）	模型（4）
社会资本	0.098 3*** （0.001 5）	0.060 1*** （0.008 1）	0.096 6*** （0.001 6）	0.183 6*** （0.038 0）
社会资本×管制制度		0.009 2*** （0.001 9）		
社会资本×规范制度			0.005 1*** （0.001 6）	
社会资本×助力制度				0.105 9*** （0.012 1）
控制变量	有	有	有	有
Wald χ^2	19 095.09***	19 010.31***	19 006.24***	19 222.56***
观测值	243 305	243 305	243 305	243 305

注：表中报告了边际效应，括号内为稳健标准误

***表示在1%水平上显著

4.3.2 更换模型设定

使用logit（评定）模型进行稳健性检验。结果如表6所示，主效应与制度环境中社会资

本对失败再创业的异质性效应均得到稳健性支持。

表 6　更换模型设定的稳健性检验结果

变量	模型（1）	模型（2）	模型（3）	模型（4）
社会资本	0.1438*** （0.0179）	0.5481*** （0.0852）	0.1293*** （0.0182）	−0.0783 （0.0648）
社会资本×管制制度		−0.1021*** （0.0210）		
社会资本×规范制度			0.0715*** （0.0236）	
社会资本×助力制度				0.0791*** （0.0214）
控制变量	有	有	有	有
Wald χ^2	279.70***	256.50***	259.52***	264.67***
观测值	3813	3813	3813	3813

注：表中报告了边际效应，括号内为稳健标准误

***表示在 1%水平上显著

4.3.3　缩短时间窗口

调整样本期为 2014～2016 年。结果如表 7 所示，主效应与制度环境中社会资本对失败再创业的异质性效应均得到稳健性支持。

表 7　调整样本期的稳健性检验结果

变量	模型（1）	模型（2）	模型（3）	模型（4）
社会资本	0.1249*** （0.0275）	0.5608*** （0.1108）	0.1175*** （0.0278）	−0.0638 （0.0972）
社会资本×管制制度		−0.1103*** （0.0268）		
社会资本×规范制度			0.0683** （0.0310）	
社会资本×助力制度				0.0646** （0.0304）
控制变量	有	有	有	有
Wald χ^2	156.48***	139.49***	140.38***	149.00***
观测值	1781	1781	1781	1781

注：表中报告了边际效应，括号内为稳健标准误

、*分别表示在 5%、1%水平上显著

5　研究结论与启示

本文结合制度环境考察了社会资本对失败再创业的作用机制。利用 probit 模型检验了社

会资本对失败再创业的影响。重点分析了社会资本对失败再创业的影响，还探讨了社会资本在不同制度环境中对失败再创业的异质性效果，并进行了估计结果的稳健性检验。结果显示：第一，社会资本显著促进了失败再创业。拥有社会资本的创业者，其失败再创业概率比无社会资本的创业者增加了 14.26 个百分点。第二，在管制制度较宽松、规范制度和助力制度较完善的环境下，社会资本有助于失败再创业的展开。

随着我国创新创业战略的不断推进，失败再创业这一新型的创业形态值得被关注。失败是创业者的常态，如何在现存制度环境中利用社会资本将失败再创业的被动行为转变为主动适应，是经济新常态下高质量创业活动未来的重点。本文提出如下三点启示。

第一，激发失败再创业这一高质量创业形态活力，淡化失败偏见的价值观。社会成员对创业失败者的认知标签会影响创业者社会资本的获取。因此，社会应尊重创业活动的特殊性、客观性，弘扬再创业的价值及不惧失败、敢为人先的创业精神。个人应逐步改变创业失败羞耻认知，奉行“失败乃成功之母”的观念，注意汲取失败经验并探索创业成功的规律。

第二，要重视社会资本的构建，优化创业者的社会资本。中国市场经济转型中个体社会资本的桥接方式相对多元。一方面，要确保创业圈内创业成员之间较高的互信水平，以此进行资源共享与帮助扶持，用创业圈的社会地位、声誉等撬动非创业圈多社会主体的支持；另一方面，创业者可聚焦于外部交流，增进不同背景成员之间的联系，积极构建多样化的外部网络和关系链接，以获得创业相关的知识、经验甚至信息的优势，突破过去资源约束，为失败再创业形成累积效应。

第三，进一步完善管制制度、规范制度和助力制度，营造有利于失败再创业的制度环境。一是通过完善相关法规政策，保障失败再创业活动的顺利开展。政府应倡导创业教育，将其纳入国民教育体系与社会教育的范畴。完善创业实训制度，采用政府购买等方式帮助创业孵化，提高创业者辨别机会的水平，增强创业能力并降低试错成本。二是进一步营造好规范的制度环境，弱化创业失败的标签，创造廉洁公正的创业环境，完善信任互助的社会机制。三是健全失败再创业的风险资本市场，对失败后的创业经验进行全面评估，实施鼓励风险投资发展的优惠政策，进一步发挥风险投资在创新驱动发展中的作用，引导市场资本助力高质量创业活动。

参考文献

[1] Artinger S，Powell T C. Entrepreneurial failure：statistical and psychological explanations[J]. Strategic Management Journal，2016，37（6）：1047-1064.

[2] Gage D. The venture capital's secret：3 out of 4 start-ups fail[J]. Wall Street Journal，2012，9（19）：20-23.

[3] Eggers J P，Song L. Dealing with failure：serial entrepreneurs and the costs of changing industries between ventures[J]. Academy of Management Journal，2015，58（6）：1785-1803.

[4] Ucbasaran D，Shepherd D A，Lockett A，et al. Life after business failure：the process and consequences of business failure for entrepreneurs[J]. Journal of Management，2013，39（1）：163- 202.

[5] Granovetter M S. The strength of weak ties[J]. American Journal of Sociology，1973，78（6）：1360- 1380.

[6] Lin N. Social networks and status attainment[J]. Annual Review of Sociology，1999，25：467- 487.

[7] Bian Y J. Bringing strong ties back in：indirect ties，network bridges，and job searches in China[J]. American Sociological Review，1997，62（3）：366-385.

[8] 易高峰. 创业失败研究的热点领域、演化路径与启示[J]. 中国科技论坛，2021，（1）：156-165.

[9] 赵向阳，李海，Rauch A. 创业活动的国家（地区）差异：文化与国家（地区）经济发展水平的交互作用[J]. 管理世界，2012，（8）：78-90，188.

[10] 郑馨，周先波，张麟. 社会规范与创业——基于 62 个国家创业数据的分析[J]. 经济研究，2017，（11）：59-73.

[11] Shin D，Hasse V C，Schotter A P J. Multinational enterprises within cultural space and place：integrating cultural distance and tightness-looseness[J]. Academy of Management Journal，2017，60（3）：904-921.

[12] 郑馨，周先波，陈宏辉，等. 东山再起：怎样的国家制度设计能够促进失败再创业?——基于 56 个国家 7 年混合数据的证据[J]. 管理世界，2019，（7）：136-151，181.

[13] 杨学儒，叶文平，于晓宇，等. 哪些创业失败者更可能卷土重来?——基于松-紧文化与制度环境的跨国比较研究[J]. 管理科学学报，2019，22（11）：1-18.

[14] Jennings P D，Greenwood R，Lounsbury M D，et al. Institutions，entrepreneurs，and communities：a special issue on entrepreneurship[J]. Journal of Business Venturing，2013，28（1）：1-9.

[15] 王博，朱沆. 制度改善速度与机会型创业的关系研究[J]. 管理世界，2020，（10）：111-126.

[16] Lin N. Social Capital：A Theory of Social Structure and Action[M]. Cambridge：Cambridge University Press，2001.

[17] 杨俊，张玉利，杨晓非，等. 关系强度、关系资源与新企业绩效——基于行为视角的实证研究[J]. 南开管理评论，2009，12（4）：44-54.

[18] 张鹏，邓然，张立琨. 企业家社会资本与创业绩效关系研究[J]. 科研管理，2015，36（8）：120-128.

[19] 边燕杰，张磊. 网络脱生：创业过程的社会学分析[J]. 社会学研究，2006，（6）：74-88，244.

[20] 张玉利，杨俊，任兵. 社会资本、先前经验与创业机会——一个交互效应模型及其启示[J]. 管理世界，2008，（7）：91-102.

[21] 朱明芬. 农民创业行为影响因素分析——以浙江杭州为例[J]. 中国农村经济，2010，（3）：25-34.

[22] 陈刚. 独生子女政策与消失的企业家精神[J]. 经济学动态，2020，（7）：84-98.

[23] 黄浩. 匹配能力、市场规模与电子市场的效率——长尾与搜索的均衡[J]. 经济研究，2014，49（7）：165-175.

[24] 郝喜玲，张玉利. 认知视角下创业失败研究述评和未来展望[J]. 外国经济与管理，2016，38（8）：3-14，45.

[25] North D C. Institutions，Institutional Change and Economic Performance[M]. Cambridge：Cambridge University Press，1990.

[26] Scott W R. Institutions and Organizations[M]. London：Sage Publications，1995.

[27] Stenholm P，Acs Z J，Wuebker R. Exploring country-level institutional arrangements on the rate and type of entrepreneurial activity[J]. Journal of Business Venturing，2013，28（1）：176-193.

[28] Arslan A，Larimo J. Ownership strategy of multinational enterprises and the impacts of regulative and normative institutional distance：evidence from finnish foreign direct investments in central and eastern Europe[J]. Journal of East-West Business，2010，16（3）：179-200.

[29] 陈刚. 管制与创业——来自中国的微观证据[J]. 管理世界，2015，（5）：89-99，187-188.

[30] Tonoyan V，Strohmeyer R，Habib M，et al. Corruption and entrepreneurship：how formal and informal institutions shape small firm behavior in transition and mature market economies[J]. Entrepreneurship Theory & Practice，2010，34（5）：803-832.

[31] 李后建. 市场化、腐败与企业家精神[J]. 经济科学，2013，（1）：99-111.

[32] 黄亮雄，孙湘湘，王贤彬. 反腐败与地区创业：效应与影响机制[J]. 经济管理，2019，41（9）：5-19.

[33] Wong P K，Ho Y P. Financing，regulatory costs and entrepreneurial propensity[J]. Small Business Economics，2007，28（2）：187-204.

[34] Gompers P，Kovner A，Lerner J，et al. Performance persistence in entrepreneurship[J]. Journal of Financial Economics，2010，96（1）：18-32.

[35] 刘鹏程，李磊，王小洁. 企业家精神的性别差异——基于创业动机视角的研究[J]. 管理世界，2013，（8）：126-135.

[36] 边燕杰，杨洋. 中国大众创业的核心元素——创业者的关系嵌入与核心关系圈[J]. 探索与争鸣，2019，（9）：158-168.

[37] 萧志泳，高建. 澳门创业活动水平与创业政策[J]. 科学学研究，2009，（4）：563-568.

[38] Arenius P，Minniti M. Perceptual variables and nascent entrepreneurship[J]. Small Business Economics，2005，24（3）：233-247.

Impact of Social Capital on Failed Re-entrepreneurship：Perspective of Institutional Environment

Chen Shujie[1]，Li Qingxiong[1]，Fang Guoyang[2]

（1.School of Labor Economics，Capital University of Economics and Business，Beijing 100070，China；2.School of Public Policy and Management，Tsinghua University，Beijing 100084，China）

Abstract：This paper uses the data of global entrepreneurship monitor（GEM），global competitiveness report（GCR）and world governance indicators（WGI）to test the mechanism of social capital influence on failed re-entrepreneurship by the probit model.The research results show as follows：social capital can not only promote failure re-entrepreneurship，but also promote failure re-entrepreneurship in countries with loose regulative institutions，more perfect normative institutions and conducive institutions.In order to improve the high-quality continuous entrepreneurship activities in China, government should optimize the social capital of entrepreneurs, and improve the institutional environment of entrepreneurship matching with Chinese characteristics, which could help to activate the new entrepreneurial form of re-entrepreneurship after failure.

Keywords: social capital; entrepreneurial failure; serial entrepreneurship; institutional environment

社会网络理论视角下沟通能力对女性创业绩效的影响*

陶小龙[1]，靳越[1]，郑湛[2]，姚建文[1]

（1.云南大学 工商管理与旅游管理学院，昆明 650091；2.武汉纺织大学 传媒学院，武汉 430073）

摘要：基于社会网络理论，以 350 位女性创业者为研究对象，构建了“沟通能力—资源获取—创新能力—女性创业绩效”链式中介模型，研究了沟通能力对女性创业绩效的影响。研究结果表明：女性创业者良好的沟通能力会通过影响资源获取，进而提升企业的创新能力，最终提高创业绩效。理论贡献如下：在社会网络视角下，探究了女性创业绩效的影响因素，结合女性创业特点探究了沟通能力对女性创业绩效的影响。

关键词：女性创业；沟通能力；资源获取；创新能力；创业绩效

中图分类号：F20　　文献标识码：A

1　研究背景

随着“她经济”时代的到来与女性创业扶持政策的推进，大量涌现的女性创业者对我国社会进步和经济繁荣发挥了举足轻重的推动作用，也让女性创业受到越来越多学者的关注。在诸多影响女性创业绩效的因素中，社会网络是一个不可忽视的方面。特别是在互联网技术与创业环境深度融合的当下，每个普通的个体不再是信息的简单接受者，更是信息的生产者和传播者，

---

*基金项目：教育部人文社会科学研究资助项目（15XJC790011）；云南省哲学社会科学规划资助项目（YB2018017）；云南大学“双一流”大学建设资助项目（2021YNUGSP010）；湖北省教育厅人文社会科学研究资助项目（20190244）。

作者简介：陶小龙（1977—），男，安徽枞阳人，云南大学工商管理与旅游管理学院副教授，博士，研究方向为创新创业管理、人力资源开发与管理；靳越（1996—），女，云南石林人，云南大学工商管理与旅游管理学院研究生，研究方向为创新创业管理、人力资源管理；（通讯作者）郑湛（1975—），女，湖北武汉人，武汉纺织大学传媒学院副教授，研究方向为企业家成长、文化传播等；姚建文（1963—），男，云南建水人，云南大学工商管理与旅游管理学院教授，研究方向为创新创业管理、管理经济学。

这意味着糅合虚拟与现实的社会网络给女性创业带来了更多元的可能和更复杂的挑战。

根据社会网络理论，社会网络是个体创业展现的基本方式和环境特征。女性创业者作为“双创”（大众创业、万众创新）浪潮中的一个特殊群体，在社会网络中扮演着重要角色。其拥有的沟通能力是一种进行社会网络构建和管理活动的网络能力，能将个体与社会紧密联系在一起。尤其在 VUCA①时代，女性创业者若具备良好的沟通能力，就可以通过社会网络的优化，在资源获取、社会认可、企业发展等方面取得长足进步，进而提升企业的动态能力。但由于沟通能力与女性创业的交叉研究还处在探索阶段，人们虽意识到沟通能力对女性创业的重要性[1]，却鲜有研究涉及沟通能力的具体效用以及沟通能力和女性创业绩效的关系。

本文试图探究女性沟通能力与创业绩效之间的关系。为了揭开沟通能力与女性创业绩效之间作用机制的“黑箱”，纳入中介变量是十分重要且必须的尝试。以往研究表明，良好的沟通能力有利于社会网络中各种资源的获取[2]，拥有足够而必要的创业资源是提升女性创业绩效的重要因素[3]。同时，可以通过获取必要的资源来保障并支撑企业创新能力的提升[4]，而创新则是驱动创业企业高质量发展的源泉[5]。女性创业者所具备的沟通能力能通过影响企业内部创新氛围和员工创新行为，有效实现从个人能力到企业创新能力的转化，并进一步形成实质性的创业绩效。为此，本文选取资源获取和创新能力作为中介变量，构建了沟通能力作用于女性创业绩效的链式中介模型，试图揭示沟通能力与女性创业绩效间的影响效应及其作用路径。研究结论不仅对女性创业者如何凭借自身力量实现创业企业的高质量发展具有重要的参考价值，也对政府相关部门如何有效扶持女性创业提供了有益的启示。

2 研究假设

2.1 沟通能力对女性创业绩效的作用

要理解沟通能力对女性创业绩效的影响，首先，要考虑到女性创业绩效的特殊性。以往研究主要采用一般化范式分析女性创业问题，忽略了女性创业过程与规律的异质性[6]，且只侧重从企业层面评价创业绩效，认为创业绩效是评价创业活动的一个整体性概念，是衡量创办企业最终创业成效的综合性指标[7]。随着对女性创业研究的不断深入，部分学者意识到了女性创业与男性创业的不同之处，发现女性在创业实践中不只看重创业活动产生的实质性收益，还更加注重创业过程给自己带来的满足感[8]，因此，本文指出，女性创业绩效应由个人绩效和组织绩效两部分构成。个人绩效侧重于衡量女性创业者从创业实践中获得的创业满足感，组织绩效则侧重于衡量创办企业在实际经营中产生的实质性收益。

社会网络概念最早于 20 世纪 80 年代引入经济管理领域。社会网络可以是不同个体中多

① VUCA 是 volatility（易变性）、uncertainty（不确定性）、complexity（复杂性）、ambiguity（模糊性）的缩写，表示变幻莫测。

种联系构成的相对稳定的关系系统和集合[9]，也可以直接看成嵌于创业者拥有或维系的关系下的一种创业资源[10]。沟通能力作为一种进行社会网络构建与管理的能力，具体是指个人能与他人恰如其分地进行信息沟通并取得沟通效益的能力[11]，内化为女性创业者标志性的领导力，外显为适宜的社交行为，可由沟通技能、沟通认知能力、沟通倾向三元素构成[12]。长期受社会两性分工和性别意识的影响，女性与男性在沟通过程中逐渐显现出差异化。在心理学领域已经证实了这种差异的存在——男性在沟通中更注重问题的解决，沟通带有强烈的目的性；女性更关注互动的过程，希望以其独特的温柔、叙述、分享、善解人意、亲和力等特点[13-15]，营造优质的情感体验，建立亲密的关系。这种独特性是区别于男性的一种优势，也给艰苦的创业过程赋予了爱与信任。

情感支持是女性创业过程中重要的满意感来源，其中，家庭支持是影响女性创业行为和创业绩效的高驱动力变量[16]。相比男性，女性在创业中受工作—家庭冲突的影响更大[17]。当女性在创业中投入了大量的时间和精力，严重影响其家庭角色的履行时，家庭内部产生摩擦和矛盾的概率会增加。为了实现工作—家庭的平衡，女性创业者需要具备更好的沟通认知能力和更强烈的沟通倾向，在矛盾冲突尚未形成心理隔阂前，及时察觉家庭成员的情绪变化，并通过在日常琐事中积极沟通以传达对家庭的密切关心和责任感，化解家庭内部不必要的误解和冲突，最终获得家庭成员的支持和理解。

另外，大多数的女性都会选择以团队形式进行创业[18]。此时，沟通不只是实现组织内各系统或部门动态衔接的重要环节[19]，也是开展组织外部合作的必需活动[20]。就创业本身来看，这是一项充满较高不确定性的行为[21]。当创业者感知到某项创业活动未来收益低于付出成本时将不会选择创业[22]。在女性创业投资中，她们在很大程度上依赖社会网络进行机会的识别和风险的分化[23]，而以主动获取社会交换、社会行为、社会互动等社会支持为目标的沟通行为，是她们与社会网络中的关系节点产生联系的主要媒介。鉴于此，一名优秀的女性创业者会通过温柔、体贴的沟通方式降低对方的防御心理，通过频繁的交流互动建立起联系，从中获取创业经验、行业动态等信息，识别创业机会，降低创业风险，并在企业的管理运营中，通过交流互动和互惠原则促进成员间信任的形成和维持[24]，利用关系管理的领导风格来建立工作愿景和团队精神[25]，让员工个体优势带动团队为创业绩效做出贡献。从整个创业生态系统来看，女性创业者本身就扮演了沟通和协调的角色[26]。具体表现为，当女性创业者与包括供应商、经销商、代理商等利益相关者在内的个体或组织在互动中产生不协调、不一致、不相容的情况时，她们会通过交流沟通，增强各合作主体间的信任和策略应对时效，让各方更加集中地围绕关键事件开展运营，最终提升整体合作绩效。

除此之外，互联网时代下的社交媒体给创业者提供了新的沟通方式[27]。并且在虚拟网络与社会网络叠加形成的高情感浓度环境下，女性创业者感性和乐于分享的特点与互联网去中心化、体验式经济、互动分享等特征的天然耦合也进一步放大了沟通能力对女性创业绩效的作用力。例如，当网络上出现企业负面消息时，及时的沟通能保障企业公信度和说服力的波动在可控范围内；快速响应与恰当地沟通能削弱危机对企业的冲击；保持简洁性和完整性的沟通内容，能在防止信息过载的基础上提高沟通效果，并最终影响社会公众对企业的情感支持程度[28]。

综上所述，本文提出以下假设。

H1：女性创业者的沟通能力与其创业绩效正相关。

2.2 资源获取的中介作用

创业者的联合投资、战略联盟、行业信任机制、网络组织、关系营销等活动都能反映创业中的社会网络特征。社会网络是个体拓展视野、获取信息等多种资源的重要渠道。尤其对女性创业者而言，资源和相关经验的匮乏无形中增加了她们对社会网络的依赖性。相关研究表明，造成女性创业者难以从社会网络中获取资源的社会性原因主要有三点：一是女性主义认为社会对女性带有刻板印象和性别歧视，普遍认为女性是创业能力弱的代表；二是自由女性主义认为男性具有更强的社会化倾向，在创业过程中能显现出更强的素质；三是竞争主义认为，在高压的创业环境下女性难以充分展示真实实力，从而在要素市场上不容易得到资源支持[29]。上述原因难以在短期内根除，但当一名女性创业者拥有较为良好的沟通能力时，能在一定程度上通过自身努力破除陈旧的社会观念给女性获取创业资源带来的束缚。谢觉萍等[30]认为，女性在资源市场上缺少社会认可和可交换的资源，为了获取所需创业资源，女性会以建立关系的形式寻求帮助，间接提高资源获取的能力。作为进行社会网络构建和管理活动的沟通能力在其中发挥了至关重要的作用。首先，沟通能力能有效帮助女性创业者从社会网络中获得更多的资源。谢荷锋等[2]指出，社会网络是女性获取资源的重要途径，良好的交流互动可以促进知识、信息、情感的传递，也可以推进社会关系的建立。女性创业者通过沟通交流能与社会网络中的主体培养信任关系，进而发挥建设性的互动作用，实现资源的互通互惠。而且当女性创业者受到性别歧视时，可以通过生动形象地叙述重塑自己的形象，吸引更多的资源拥有者，提高资源获取的可能性[31]。其次，具有良好沟通能力的女性创业者不仅能获得支持企业发展的关键性资源，还能做到以较低的成本获得创业资源。具体表现为，以交流互动形成的人情关系在社会交换中具有互报性和互惠性，接收了情感的一方会尽可能地以等价的资源予以回报[32]。

资源是为了实现企业生存与发展所拥有的或可支配的各要素及其组合[33]。资源的获取则是开展创业活动的关键环节[34]。依靠社会网络获取的丰富、多元的资源保障了女性创业活动的顺利进行。持资源基础观的学者认为，每个创业企业都拥有不同的资源，获取异质性的资源是企业竞争力的内生来源，能为企业带来竞争对手无法复制的创业绩效[35]。持资源依赖观的学者强调了企业对外部资源的依赖性，指出企业只有不断地获取资源才能维持企业的生存与发展[36]。研究表明，资源充足的组织获得成功的机会更大[37]。资源作为企业发展的基础条件，充裕的储备状态能为后期的创业活动输送源源不断的能量。特别是具有稀缺性、异质性和价值性的资源，是本企业区别于其他企业的竞争优势所在，对提升创业绩效有着决定性的作用[38]。而资源获取的时机是影响创业绩效的重要因素，第一笔销售的完成和正向现金流的实现是影响创业企业发展的两大关键点，创业资源获取时机可以通过影响资源可用性的延迟程度和资源驱动的现金流动速率，决定企业首次销售时间和产生正向现金流时间[39]。与男性创业意愿不同，我国女性偏向于资源驱动型创业[40]。特别是在家庭和职场中能帮助她们获取到丰富的资源时，其创业意愿也会随着创业自我效能感的提高变得更加强烈[37]。

综合以上分析，女性创业者所具备的沟通能力能帮助她们以较低成本获取到丰富的资源，保障了创业企业的生存和发展。因此，本文提出如下假设。

H2：资源获取在沟通能力和女性创业绩效关系之间起中介作用。

2.3　创新能力的中介作用

创新是企业发展的生命线，女性所创办的企业要想在市场竞争中避免被淘汰，一条有效的途径就是提高创新能力。创新能力的提升是一个持续而漫长的过程[41]，女性创业者的沟通能力可以通过影响企业内部的关系氛围进而影响企业创新能力。这具体表现为企业创新能力的提升依赖于由多个个体组建而成的团队。成员间的信任感会激发团队整体的创造力和凝聚力。沟通能力对于信任的积极作用已经得到了广泛的证实[42]。戴立兴[43]指出，领导干部把“面对面”谈话谈心的基本功练好，能把“话”谈妥，“心”谈好，通过思想与情感的交流，凝聚团队共识和力量。女性创业者作为团队中的一员，在强烈的沟通认知和沟通倾向驱动下，结合女性自身沟通特质，能在高频率的、广泛的交流中将自己的观点和意见清晰地表达，以及在共同商讨后达成共识，培养团队信任。信任感一方面促进个体间的数据、技术等知识资源的交换共享[44]，另一方面通过降低个体间关系风险来提升异质性资源的交换并降低交易成本，最终影响创新产出。同时，女性创业者的沟通倾向和行为也会在很大程度上对成员的沟通意愿造成影响。在社会认知机制和学习机制中，个体通过对榜样行为的学习和模仿，构建自己的认知，使之与环境相适应[45]。鉴于女性创业者在企业中的特殊地位，她们在沟通中展现出的乐于互动的个人行为通常被员工认为代表着企业制度与文化，并有利于促进企业和个人发展，因此，员工会效仿并参与到互动式的沟通行为中。杜鹏程等[46]发现社会网络中的交互影响知识共享的程度，而良好的知识共享将进一步促进员工创新行为，且知识转移也体现为主体间进行信息传递的一个沟通过程[47]。沟通交流在加速员工对知识资源的获取、整合、吸收的基础上，推进知识转换为创新能力，在产品创新和工艺创新等方面发挥了重要作用。

一直以来，创新都是相伴创业企业发展的重要议题。创业侧重于企业家的机遇把握，强调策略性的互惠互利，创新则更关注企业发展的远期愿景，强调战略性布局。从文化和社会心理学的角度来看，与男性偏向于构建和理性认知风格下的突破式创新不同，女性保留了人类未被处理过的感受和体验，她们的创新基于情感、经验、个人认知等，是在原有基础上的一种改良和改进，更富兼顾性、亲和性和建设性，是一种渐进式的创新[48]。本文认为，这种渐进式的创新能力提升方式对女性创业绩效有着正向的影响，具体原因如下，首先，突破式创新具有较高的风险性[49]，渐进式的创新能以较低的风险开展创新活动。其次，渐进式的创新可以帮助企业在设计、产品、服务和销售渠道上进行改良，实现在原有市场中的销售额增长[50]。最后，企业创新能力的提升伴随着企业创新速度的加快。创新速度则是形成企业竞争优势，提高企业绩效的关键所在[51]。企业创新速度越快，企业就越可能提前抢占新市场，率先树立起品牌形象的同时通过重塑市场格局带来先发制人的超额利润。

鉴于上述分析，本文提出如下假设。

H3：创新能力在沟通能力和女性创业绩效关系之间起中介作用。

2.4　资源获取和创新能力的链式中介作用

创新资源对创新能力的提升有着重要的意义。李宏贵和周洁[52]指出，要想实现企业的长久发展，需要把资源转变为一种创新能力。大部分学者认为企业家通过与社会网络的互动，可以获得提升创新能力所需的关键资源并进行优化配置，实现价值创造，最终形成企业的竞争优势[53]。尤其是随着环境的网络化程度不断加深，女性创业企业要通过与其他企业、社会组织、科研院所、政府机构等主体的交流合作，从中获得提升创新效率的关键性资源[54]。康健和胡祖光[4]基于创新链，将这种关键性资源分为资产类和知识类。解维敏和方红星[55]认为，从外部获得的资金资源可直接运用于创新活动中，通过加大投入力度来实现企业创新能力的提升，即资产类的资源保障了企业创新能力的顺利提升。屠兴勇等[56]认为，知识类资源是企业渐进式提升创新能力的关键因素。企业在渐进式的创新能力提升过程中，需要丰富的知识激发创新意识，以及丰富的资源和能力保障创新的实施[57]。而区别于任务型倾向的领导者，关系取向型的领导者更能有效地推动知识转移，并且领导者的沟通能力也是影响知识转移的重要因素[58]。因此，资源获取将对女性创业企业的创新能力提升有积极影响。

结合上述三个假设，沟通能力将通过影响资源获取进而影响创新能力提升，最终影响女性创业绩效。根据此逻辑，本文指出“沟通能力—资源获取—创新能力—女性创业绩效”存在链式作用关系，即一名具有良好沟通能力的女性创业者可以从社会网络中获取到丰富的资产类和知识类资源，能有效支持企业创新能力的提升，最终提升其创办企业的组织绩效。该过程还原了个人能力转移为组织能力，并进一步实现组织产出的发展过程。因此，本文提出以下假设。

H4：资源获取和创新能力在沟通能力与女性创业绩效之间起链式中介作用。

基于以上分析，本文构建了沟通能力作用于女性创业绩效的链式中介模型，具体理论模型如图 1 所示。

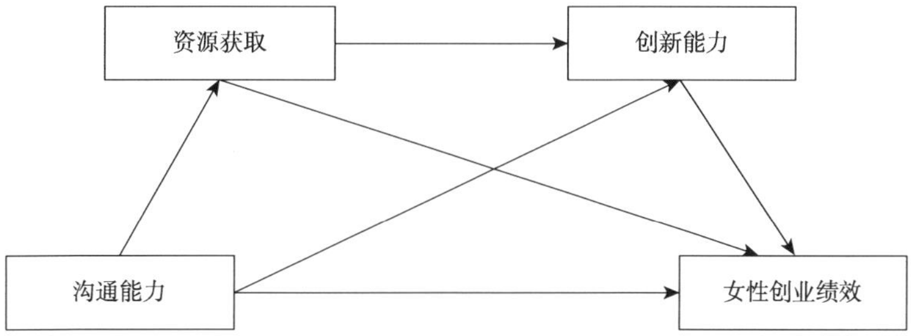

图 1　本文的理论模型

3 研究设计

3.1 数据收集

本文研究采用问卷调查的方式进行数据收集，调研对象主要为云南、贵州、四川、广西和西藏等省区的女性创业者。本文研究共收回 350 份问卷，其中有效问卷 336 份，占 96%。有效样本中，年龄分布情况为，25 岁及以下占比为 2.38%，26～35 岁占比为 23.81%，36～45 岁占比为 48.81%，46～55 岁占比为 24.41%，56 岁及以上占比为 0.59%。首次创业年龄方面，25 岁及以下占比为 52.98%，26～35 岁占比为 35.12%，36～45 岁占比为 10.12%，46～55 岁占比为 1.19%，56 岁及以上占比为 0.59%。学历方面，初中及以下占比为 12.50%，高中和中专占比为 25.59%，大专和本科占比为 51.79%，硕士研究生及以上占比为 10.12%。

3.2 变量测量

问卷测量内容包括沟通能力、资源获取、创新能力、女性创业绩效和女性创业者人口特征五方面。除了控制变量外，其余四类变量均采用利克特 7 点式量表来衡量。

（1）沟通能力。沟通能力的测量以张淑华等[12]的研究成果为依据，涉及对女性创业者沟通技能、沟通认知能力和沟通倾向的考察。具体条目为“我熟练掌握了沟通技巧”、“我在与他人沟通交流中善于体察他人的想法和感受”和“我渴望通过沟通交流被他人理解或影响他人”。

（2）资源获取。资源获取的测量以康健和胡祖光[4]的量表为依据，考虑资本类和知识类资源的获取情况。具体条目为“在企业经营过程中注重知识和信息的收集”和“创业过程中能有效筹措所需资金”。

（3）创新能力。创新能力的测量采用 Jansen 等[59]开发的量表，具体选取其中的“企业经常改进现有产品和服务”和“企业提高产品和服务的效率高”两个条目。

（4）女性创业绩效。女性创业绩效的测量结合王巧然和陶小龙[60]、丁高洁和郭红东[61]开发的量表，从个人绩效和组织绩效两方面进行测量，包括“个人的工作满意度”、“收入满意度”、“职业生涯满意度”、“企业的财务状况”、“企业盈利状况”和“企业运营情况”六个条目。

（5）控制变量。本文将女性创业者的年龄、首次创业年龄和学历作为控制变量进行处理。

4 研究结果

4.1 同源方差检验

本文基于 Harman 单因素检验法进行同源方差检验，将所有问卷题项同时纳入探索性因子分析，得到的第一个因子解释的变异量为 49.281%，因此同源方差的偏差在可接受的范围内。

4.2 信度和效度分析

以 Cronbach's α 系数进行变量的信度检验，结果如表 1 所示。一般认为 Cronbach's α 系数值高于 0.7 时，变量的信度较为理想。本文中问卷涉及的沟通能力、资源获取、创新能力和女性创业绩效四个变量所对应的 Cronbach's α 系数均高于一般标准值 0.7，因此各变量都具有较好的内部一致性，问卷信度较高。

表 1 变量的信度和效度分析结果

变量	项目	标准化因子荷载	测量误差	CR 值	AVE	Cronbach's α
沟通能力	A1	0.876	0.215	0.889	0.728	0.889
	A2	0.854	0.238			
	A3	0.829	0.231			
资源获取	B1	0.815	0.336	0.876	0.780	0.869
	B2	0.947	0.103			
创新能力	C1	0.905	0.181	0.892	0.806	0.891
	C2	0.891	0.206			
女性创业绩效	D1	0.848	0.281	0.929	0.687	0.929
	D2	0.837	0.229			
	D3	0.806	0.350			
	D4	0.830	0.300			
	D5	0.805	0.346			
	D6	0.848	0.299			

量表效度是评价问卷设计好坏的重要标准，主要从内容效度和结构效度两方面展开，内容效度对应探索性因子分析，结构效度对应验证性因子分析。我们对所涉及的变量进行探索性因子分析，得到 KMO（Kaiser-Meyer-Olkin）值为 0.880（大于一般标准值 0.7），且研究变量通过 Bartlett（巴特利特）球形检验（p=0.000），各变量的标准化因子荷载在 0.805～0.947，均高于一般标准值 0.7，因此，说明各变量的定义符合实际情况。

在验证性因子分析中，可以通过查看各变量的 AVE 进行量表效度检验，一般认为各变量 AVE 大于 0.5，量表具有较好的收敛效度。根据表 1 可以看出四个变量的 AVE 在 0.687～0.806，CR 值均大于 0.8，即具有良好的收敛效度。运用 AMOS.21 对四个变量进行区分效度检验，假设模型和其他三个备选模型的对比结果如表 2 所示。从拟合指数来看，假设模型的拟合度最佳［RMSEA 值为 0.045，GFI（goodness-of-fit index，拟合优度指数）值为 0.955，NFI 值为 0.968，CFI 值为 0.987，TLI 值为 0.983］，说明本文研究的四个变量的区分效度较为理想。并从表 3 可以发现经过标准化处理后的变量间相关系数平方最大值为 0.306（0.553 × 0.553），因此所有变量的 AVE 值都大于变量相关系数平方，验证了量表具有良好的判别信度。

表 2　测量模型间的拟合优度比较结果

模型	χ^2	df	χ^2/df	RMSEA	GFI	NFI	CFI	TLI
四因子模型（A、B、C、D）	98.428	59	1.668	0.045	0.955	0.968	0.987	0.983
三因子模型（A、B、C+D）	346.493	62	5.589	0.117	0.880	0.888	0.905	0.881
两因子模型（A、B+C+D）	571.686	64	8.933	0.154	0.816	0.815	0.831	0.794
单因子模型（A+B+C+D）	1049.28	65	16.143	0.213	0.686	0.66	0.672	0.607

注：A 表示沟通能力；B 表示资源获取；C 表示创新能力；D 表示女性创业绩效

表 3　变量间相关系数矩阵（双侧）

变量	均值	标准值	沟通能力	资源获取	创新能力	女性创业绩效
沟通能力	5.779	1.150	1			
资源获取	5.171	1.342	0.337**	1		
创新能力	5.046	1.357	0.304**	0.411**	1	
女性创业绩效	4.553	1.258	0.370**	0.507**	0.553**	1

注：控制了年龄、初次创业年龄和学历

**表示 p<0.01

4.3　相关性分析

表 3 数据显示，沟通能力、资源获取、创新能力、女性创业绩效变量间皆存在正相关性（p<0.01），初步支持了本文提出的 4 个假设。

4.4　假设检验

4.4.1　直接效应检验

运用 SPSS 21.0 软件，采用层次回归分析法对直接效应进行检验。结果如表 4 所示，沟通能力正向影响资源获取（β=0.396，p<0.001），资源获取正向影响创新能力（β=0.354，p<0.001），沟通能力正向影响创新能力（β=0.375，p<0.001），创新能力正向影响女性创业绩效（β=0.461，p<0.001），资源获取正向影响女性创业绩效（β=0.407，p<0.001），沟通能力正向影响女性创业绩效（β=0.410，p<0.001），H1 得到支持。

表 4 回归分析结果（摘要）

变量	资源获取		创新能力			女性创业绩效				
	模型（1）	模型（2）	模型（3）	模型（4）	模型（5）	模型（6）	模型（7）	模型（8）	模型（9）	模型（10）
年龄	0.183	0.173	−0.149	−0.158	−0.219**	0.033	0.023	−0.047	0.096	0.033
初次创业年龄	0.037	0.075	0.302**	0.338***	0.311**	0.033	0.072	0.042	−0.083	−0.071
学历	0.057	0.033	−0.252**	−0.274***	−0.286***	−0.063	−0.087	−0.101	0.039	0.003
沟通能力		0.396***		0.375***	0.235***		0.410***	0.249***	0.236***	0.163**
资源获取					0.354***			0.407***		0.278***
创新能力									0.461***	0.363***
常数项	4.422***	2.162***	5.665***	3.513***	2.747***	4.564***	2.227***	1.347**	0.607	0.350
R^2	0.013	0.127	0.040	0.141	0.248	0.003	0.142	0.307	0.355	0.422
ΔR^2	0.004	0.117	0.031	0.130	0.237	−0.006	0.132	0.296	0.345	0.411

***表示 p<0.001，**表示 p<0.01

4.4.2 链式中介效应检验

本文利用 AMOS 21.0 软件对研究模型进行联合显著度与 Bootstrap 检验。根据 AMOS 21.0 输出的统计参数，由表 5 可知，假设模型卡方自由度比、RMSEA、NFI、TLI、CFI、GFI、AGFI（adjusted goodness-of-fit index，调整后的拟合优度指数）值均达到了可接受程度，则该假设模型与调查数据完全契合，并得到如图 2 所示的模型路径图。

表 5 结构模型拟合度

指标	卡方自由度比	RMSEA	NFI	TLI	CFI	GFI	AGFI
通过标准	<3	<0.08	>0.9	>0.9	>0.9	>0.9	>0.9
指标值	2.190	0.060	0.933	0.954	0.962	0.930	0.902

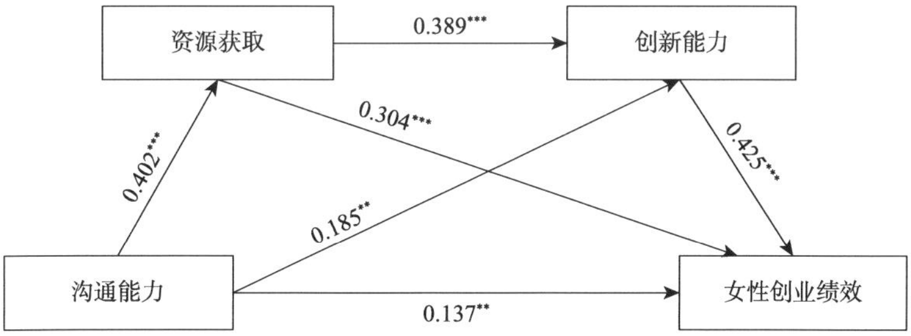

图 2 沟通能力与女性创业绩效的链式中介模型路径图

***表示 p<0.001，**表示 p<0.01

Bootstrap 检验法在链式中介检验中具有最佳的效果，并得到国内外学者的广泛认同和使用。因此，本文运用 Bootstrap 方法检验沟通能力影响女性创业绩效的链式中介作用，设定样本量为 5000，设置 95%的置信区间。由表 6 可知，“沟通能力→资源获取→女性创业绩效”的中介路径所对应的置信区间为[0.059，0.213]，作用大小为 0.122，H2 得到支持；“沟通能力→创新能力→女性创业绩效”的中介路径所对应的置信区间为[0.018，0.164]，作用大小为 0.079，H3 得到支持。“沟通能力→资源获取→创新能力→女性创业绩效”的中介路径所对应的置信区间为[0.036，0.114]，作用大小为 0.066，H4 得到支持。

表 6　链式中介效应检验结果

项目	假设	路径	影响系数	Boot LLCI	Boot ULCI	假设检验
直接效应	H1	沟通能力→女性创业绩效	0.137	0.018	0.255	支持
中介效应	H2	沟通能力→资源获取→女性创业绩效	0.122	0.059	0.213	支持
	H3	沟通能力→创新能力→女性创业绩效	0.079	0.018	0.164	支持
	H4	沟通能力→资源获取→创新能力→女性创业绩效	0.066	0.036	0.114	支持

注：Boot LLCI 为置信区间下限，Boot ULCI 为置信区间上限

5　研究结论与启示

本文得到以下主要结论：沟通能力会显著提高女性创业者的创业绩效，而这一正向作用可以被资源获取和创新能力先后部分中介，由此构成“沟通能力—资源获取—创新能力—女性创业绩效”这一链式中介模型。即女性创业者良好的沟通能力会通过影响资源获取，进而提升企业的创新能力，最终提高创业绩效。

5.1　理论贡献

（1）在社会网络视角下探究影响女性创业绩效的因素。当前，社会网络对女性创业绩效的突出作用已经得到理论界和实践界的广泛认可，且学者在女性创业网络构成、网络关系强弱以及两者的性别差异等方面进行了深入的分析[62]。但已有研究中尚显不足的是网络能力作为进行一系列社会网络构建和管理活动的重要能力[63]，却鲜有研究涉及网络能力与女性创业绩效之间的关系。由此，本文重点关注了网络能力中的沟通能力，论证了沟通能力与女性创业绩效的作用关系，并引入资源获取和创新能力中介变量，探究了沟通能力与女性创业绩效之间的内在影响机理，进一步拓展了社会网络理论联系女性创业实践的研究视角。

（2）结合女性创业特点探究沟通能力对女性创业绩效的影响。在有关女性创业的研究中，学者普遍采用一般化范式分析女性创业问题，忽略了女性创业过程与规律的异质性[6]。本文重点关注了女性创业的特点，并突破性地将女性创业绩效划分为个人绩效和组织绩效两部分。结果表明，良好的沟通能力有利于女性创业者获得情感支持，即提升她们创业的

个人绩效。同时，还能在帮助她们建立并维护亲密关系的基础上，加强与利益相关者的协同配合，共同推进创业目标的实现，即提升女性创业的组织绩效。

5.2 研究启示

第一，女性创业者应重视自身沟通能力的培养。本文论证了沟通能力作为一种进行社会网络构建和管理活动的网络能力，既能有效促进女性创业者及其企业的发展，也有利于增强她们的创业满足感。为此，女性创业者应该提高沟通意识，加强沟通能力的培养，提升自己在人际交往方面的软实力。

第二，女性在创业过程中应注重资源的获取和企业创新能力的提升。资源的获取和企业创新能力的提升都是决定企业生存与发展的核心要素。女性创业者应该积极主动地拓展社会网络，为获取创业资源提供支持，从而保障组织创新能力的提升，进而实现企业的可持续发展。企业创新能力的提升是整个创业团队共同努力的结果，女性创业者应该在团队内部做好创新氛围的营造和创新意识的培育工作，激活团队的创新活力。

第三，各级政府部门要致力于营造良好的创业环境，促进女性创业网络的优化。就政府相关部门而言，应该积极地承担起助推女性创业高质量发展的重任。深入贯彻尊重女性、爱护女性的社会意识，营造公平的市场竞争环境。建立糅合女性特殊需求的创业培训服务体系，在沟通能力、人际关系网络搭建、社交礼仪规范等方面提供指导和帮助。政府部门应发挥好牵头人作用，疏通女性创业者与外界沟通的渠道，搭建官方的创业交流平台。

第四，全社会应避免沟通能力偏见，理性评价创业者及其创业项目。社会各界在进行创业投资或扶持的项目评估中应正确看待创业者沟通能力的影响效应。在构建创业项目评价指标体系时，应制定全面、客观、公正的评价指标和标准，避免创业评价中出现创业者沟通能力“光环效应”，对那些沟通能力不强但其创业项目市场前景好的创业者给予足够的关注和支持。

5.3 研究不足与展望

本文可能存在的不足有：受限于客观条件，本文的研究对象主要集中于我国云南、贵州、四川、广西和西藏等省区，在一定程度上影响了研究结论的普适性，未来可以扩大调查的地域范围，拓展研究结论的普适性。为了提高研究的针对性，本文的研究对象为女性创业者群体，对于沟通能力是否会对男性创业绩效产生影响，有待进一步探究。未来可以引入男性研究对象，验证并对比分析本文的研究结论。

参考文献

[1] 王华锋，李生校. 女性创业中的性别歧视及其对策研究[J]. 企业经济，2009，（8）：74-76.

[2] 谢荷锋，娄芳芳，彭华训. 领导风格、沟通能力与管理知识资源跨企业转移[J]. 商业研究，2015，(1)：132-143.
[3] 陶小龙，余虹. 少数民族地区女性创业影响因素及其机理——基于扎根理论的探索性研究[J]. 湖北民族大学学报（哲学社会科学版），2020，38（2）：50-59.
[4] 康健，胡祖光. 创新链资源获取、互联网嵌入与技术创业[J]. 科技进步与对策，2016，33（21）：16-23.
[5] 赵玲，田增瑞，常焙筌. 创业资源整合对公司创业的影响机制研究[J]. 科技进步与对策，2020，37（6）：27-36.
[6] 李纪珍，周江华，谷海洁. 女性创业者合法性的构建与重塑过程研究[J]. 管理世界，2019，35（6）：142-160，195.
[7] Coombes S M T，Morris M H，Allen J A，et al. Behavioural orientations of non-profit boards as a factor in entrepreneurial performance：does governance matter?[J]. Journal of Management Studies，2011，48（4）：829-856.
[8] Brush C G. Research on women business owners：past trends，a new perspective and future directions[J]. Entrepreneurship Theory and Practice，1992，16（4）：5-30.
[9] Bai W S，Holmström-Lind C，Johanson M. Leveraging networks，capabilities and opportunities for international success：a study on returnee entrepreneurial ventures[J]. Scandinavian Journal of Management，2018，34（1）：51-62.
[10] Hansen E L. Entrepreneurial networks and new organization growth[J]. Entrepreneurship Theory and Practice，1995，19（4）：7-19.
[11] Penley L E，Alexander E R，Jernigan I E，et al. Communication abilities of managers：the relationship to performance[J]. Journal of Management，1991，17（1）：57-76.
[12] 张淑华，夏敏，蒋兴宏，等. 企业管理者人际沟通能力结构研究[J]. 心理科学，2004，27（2）：480-482.
[13] 莫寰，黄小军，杨建锋. 女性创业动机的演化博弈模型[J]. 广州大学学报（社会科学版），2009，(12)：34-40.
[14] de Bruin A，Brush C G，Welter F. Introduction to the special issue：towards building cumulative knowledge on women's entrepreneurship[J]. Entrepreneurship Theory & Practice，2010，30（5）：585-593.
[15] 秦双全，尹徐念. 创业意识与创业绩效：性别的作用[J]. 创新与创业管理，2017，(1)：88-99.
[16] Mari M，Poggesi S，de Vita L. Family embeddedness and business performance：evidences from women-owned firms[J]. Management Decision，2016，54（2）：476-500.
[17] Weeks J R. A connotation for control：women business owners seeking balance and growth[J]. Institute for Small Business and Entrepreneurship，2008，(11)：5-7.
[18] Sorenson R L，Folker C A，Brigham K H. The collaborative network orientation：achieving business success through collaborative relationships[J]. Entrepreneurship Theory and Practice，2008，32（4）：615-634.
[19] 尹柳营，胡军燕. 沟通与企业运作的整合——实现企业运作的动态衔接[J]. 科技进步与对策，2003，20（17）：87-88.
[20] 刘衡，李垣，李西垚，等. 关系资本、组织间沟通和创新绩效的关系研究[J]. 科学学研究，2010，28（12）：

1912-1919.

[21] Bullough A, Renko M, Abdelzaher D. Women's business ownership: operating within the context of institutional and in-group collectivism [J]. Journal of Management, 2017, 43 (7): 2037-2064.

[22] 陈刚. 管制与创业——来自中国的微观证据[J]. 管理世界, 2015, (5): 89-99, 187-188.

[23] Harrison R T, Mason C M. Does gender matter? Women business angels and the supply of entrepreneurial finance[J]. Entrepreneurship Theory and Practice, 2007, 31 (3): 445-472.

[24] 郑鸿, 徐勇. 创业团队信任的维持机制及其对团队绩效的影响研究[J]. 南开管理评论, 2017, 20(5): 29-40.

[25] Buttner E H. Examining female entrepreneurs' management style: an application of a relational frame[J]. Journal of Business Ethics, 2001, 29 (3): 253-269.

[26] Marlow S, Patton D. All credit to men? Entrepreneurship, finance, and gender[J]. Entrepreneurship Theory and Practice, 2005, 29 (6): 717-735.

[27] 丁栋虹, 袁维汉. 互联网使用与女性创业概率——基于微观数据的实证研究[J]. 技术经济, 2019, 38(5): 68-78.

[28] 屈启兴, 齐佳音, 宋绍义, 等. 企业在线危机沟通效果影响因素研究[J]. 管理评论, 2020, 32(4): 250-261.

[29] 蔡莉, 王玲, 杨亚倩. 创业生态系统视角下女性创业研究回顾与展望[J]. 外国经济与管理, 2019, 41(4): 45-57, 125.

[30] 谢觉萍, 屠凤娜, 王云峰. 国外女性创业文献研究与创业过程模型的构建[J]. 管理现代化, 2016, 36(2): 116-119.

[31] Jennings J E, Edwards T, Devereaux Jennings P, et al. Emotional arousal and entrepreneurial outcomes: combining qualitative methods to elaborate theory[J]. Journal of Business Venturing, 2015, 30 (1): 113-130.

[32] 陈维政, 任晗. 人情关系和社会交换关系的比较分析与管理策略研究[J]. 管理学报, 2015, 12(6): 789-798.

[33] 林嵩. 创业资源的获取与整合——创业过程的一个解读视角[J]. 经济问题探索, 2007, (6): 166-169.

[34] Xiao Q, Marino L D, Zhuang W. A situation perspective of entrepreneurial learning: implications for entrepreneurial innovation propensity[J]. The Journal of Entrepreneurship, 2010, 22 (1): 69-89.

[35] Barney J. Firm resources and sustained competitive advantage[J]. Journal of Management, 1991, 17(1): 99-120.

[36] Davis G F, Cobb A J. Resource dependence theory: past and future[J]. Research in the Sociology of Organizations, 2010, 28 (1): 21-42.

[37] Weng S S. Formation of an Asian American nonprofit organization through the partnership between corporate employee resource groups and community organizations[J]. Human Service Organizations: Management, Leadership & Governance, 2019, 43: 153-170.

[38] Ulrich D, Barney J B. Perspectives in organizations: resource dependence, efficiency, and population[J]. Academy of Management Review, 1984, 9 (3): 471-481.

[39] Bailey J, Tatikonda M V. Accelerating venture milestone achievement: examining the impact of resource acquisition timing[J]. IEEE Transactions on Engineering Management, 2018, 65 (4): 557-573.

[40] 张建民, 周南瑾. 边界视角下家庭对女性创业意愿的影响[J]. 吉首大学学报(社会科学版), 2019, 40(6):

67-77.

[41] 郑兵云，陈圻，李邃. 差异化战略对企业绩效的影响研究：基于创新的中介视角[J]. 科学学研究，2011，（9）：1406-1414.

[42] Buvik M P，Rolfsen M. Prior ties and trust development in project teams—a case study from the construction industry[J]. International Journal of Project Management，2015，33（7）：1484-1494.

[43] 戴立兴. 练好“面对面”谈心谈话的基本功——不能无限夸大新媒体沟通的重要性[J]. 人民论坛，2019，（26）：48-50.

[44] 杨晓艳，顿妍妍. 关系资本、供应链整合与创新绩效关系[J]. 企业经济，2017，（7）：87-92.

[45] 钟皓，田青，白敬伊. 基于社会认知理论的员工帮助行为对伦理型领导的作用机制研究[J]. 管理学报，2019，16（1）：64-71.

[46] 杜鹏程，姚瑶，房莹，等. 社会交互作用对员工创新行为的影响——一个有中介的调节[J]. 软科学，2018，32（9）：72-75.

[47] 李金生，乔盈. 高新技术企业研发团队沟通行为对自主创新绩效的影响——以知识吸收能力为中介变量[J]. 科技进步与对策，2020，37（11）：136-144.

[48] 应小萍. 心理安全视角的女性创业心态分析[J]. 哈尔滨工业大学学报（社会科学版），2016，18（6）：46-53.

[49] Sheng M L，Chien I. Rethinking organizational learning orientation on radical and incremental innovation in high-tech firms[J]. Journal of Business Research，2016，69（6）：2302-2308.

[50] Li C R，Lin C J，Huang H C. Top management team social capital，exploration-based innovation，and exploitation-based innovation in SMEs[J]. Technology Analysis & Strategic Management，2014，26（1）：69-85.

[51] Shan P，Song M，Ju X F. Entrepreneurial orientation and performance：is innovation speed a missing link？[J]. Journal of Business Research，2016，69（2）：683-690.

[52] 李宏贵，周洁. 组织声誉与企业成长：创新合法性的中介作用[J]. 科技进步与对策，2015，32（10）：84-87.

[53] Senyard J，Baker T，Steffens P，et al. Bricolage as a path to innovativeness for resource-constrained new firms[J]. Journal of Product Innovation Management，2014，31（2）：211-230.

[54] 张振刚，易欢，陈雪瑶. 创新网络资源整合、双元创新对制造企业创新绩效的影响——环境不确定性的调节作用[J]. 技术经济，2020，39（3）：58-65，73.

[55] 解维敏，方红星. 金融发展、融资约束与企业研发投入[J]. 金融研究，2011，（5）：171-183.

[56] 屠兴勇，王泽英，张琪，等. 基于动态环境的网络能力与渐进式创新绩效：知识资源获取的中介作用[J]. 管理工程学报，2019，33（2）：42-49.

[57] 包凤耐，彭正银. 网络能力视角下企业关系资本对知识转移的影响研究[J]. 南开管理评论，2015，18（3）：95-101.

[58] 谢荷锋，娄芳芳，彭华训. 领导风格、沟通能力与管理知识资源跨企业转移[J]. 商业研究，2015，（1）：132-143.

[59] Jansen J J P，van den Bosch F A J，Volberda H W. Exploratory innovation，exploitative innovation，and performance：effects of organizational antecedents and environmental moderators[J]. Management Science，

2006，52（11）：1661-1674.

[60] 王巧然，陶小龙. 创业者先前经验对创业绩效的影响——基于有中介的调节模型[J]. 技术经济，2016，35（6）：24-34.

[61] 丁高洁，郭红东. 社会资本对农民创业绩效的影响研究[J]. 华南农业大学学报（社会科学版），2013，12（2）：50-57.

[62] 蔡莉，王玲，杨亚倩. 创业生态系统视角下女性创业研究回顾与展望[J]. 外国经济与管理，2019，41（4）：45-57，125.

[63] 朱秀梅，陈琛，蔡莉. 网络能力、资源获取与新企业绩效关系实证研究[J]. 管理科学学报，2010，13（4）：44-56.

Impact of Communication Ability on Female Entrepreneurial Performance Based on Social Network Theory

Tao Xiaolong[1]，Jin Yue[1]，Zheng Zhan[2]，Yao Jianwen[1]

（1.School of Business and Tourism Management，Yunnan University，Kunming 650091，China；
2.School of Media & Communication，Wuhan Textile University，Wuhan 430073，China）

Abstract: Based on the social network theory，this paper takes 350 female entrepreneurs as the research object，and constructs a chain mediating role of the effect of communication ability on female entrepreneurial performance.The research conclusions are as follows：the great communication ability of female entrepreneurs will have a beneficial impact on resource acquisition，so as to improve the innovation ability of enterprises and finally improve entrepreneurial performance. From the perspective of social network，this paper explores the influencing factors of female entrepreneurial performance，and explores the impact of communication ability on female entrepreneurial performance combined with female entrepreneurial characteristics.

Keywords: female entrepreneurship；communication ability；resource acquisition；innovation ability；entrepreneurial performance

新型研发机构的有组织研发模式——以清华四川能源互联网研究院为例*

吕岚春[1]，胡艺凡[1]，杨先龙[1]，高文胜[1,2]

（1.清华四川能源互联网研究院，成都 610042；2.清华大学 电机系，北京 100084）

摘要：在当前激烈的国际竞争形势下，新型研发机构在解决关键核心技术的“卡脖子”问题上尚存在不足之处，需要以产业重大需求为导向，建立有组织研发模式，促进学科交叉产研协同，实现战略性规模化应用技术创新。本文以清华四川能源互联网研究院作为新型研发机构的典型案例，总结了其在组织管理体系、研发计划体系、试验研究平台方面开展的有组织研发实践探索，提出了新型研发机构有组织研发模式的三个主要内容：建立产学研协同管理体系，实施动态化的项目集群管理，建设系统性集成创新研究平台。

关键词：新型研发机构；科技创新；产学研协同；创新管理

中图分类号：F091.354　　文献标识码：A

1　研究背景

随着我国经济社会高质量发展目标的提出和创新驱动发展战略的深入实施，新型研发机构不断发展壮大，成为我国新型国家创新体系中的重要力量[1]。科学技术部《关于促进新型研发机构发展的指导意见》明确了新型研发机构的功能和定位，新型研发机构是聚焦科技创新需求，主要从事科学研究、技术创新和研发服务，投资主体多元化、管理制度现代化、运行机制市场化、用人机制灵活的独立法人机构[2]，其明确定位于应用技术研发，成为高校基

---

*基金项目：四川省科技计划软科学项目“促进产学研协同创新的新型研发机构研发模式研究”（2021JDR0143）。

作者简介：吕岚春（1989—），男，江西吉安人，清华四川能源互联网研究院，助理研究员，博士，研究方向为能源互联网技术创新管理、新型研发机构运行模式等；（通讯作者）胡艺凡（1987—），女，四川达州人，清华四川能源互联网研究院，助理工程师，硕士，研究方向为科技创新、科研项目管理；杨先龙（1988—），男，四川成都人，清华四川能源互联网研究院，工程师，硕士，研究方向为可靠性工程技术及数字化平台技术应用；高文胜（1968—），男，黑龙江哈尔滨人，清华大学电机系研究员，博士，研究方向为高电压技术、智能电力设备、技术创新管理。

础研究和企业产品开发之间沟通的有效桥梁。

国内外学者对新型研发机构的定位和功能开展了众多研究。柯拉尔[3]研究了美国的工程研究中心，认为美国工程研究中心填补了美国高校和产业之间的断层。林垂宙[4]从台湾“工业技术研究院”（简称台湾“工研院”）的实例分析，指出新型研发机构应发挥“政产学研”四类主体的定位联结作用，促进技术成果从实验室转化到市场。沈洁雪[5]研究深圳清华大学研究院的“四不像”模式，认为“四不像”模式开创了我国产学研合作新局面。夏太寿等[6]认为新型研发机构协同创新机制是投入机制、收益机制、运作机制、用人机制、考核机制与激励机制的耦合。赵剑东和戴青云[7]、赵剑东[8]分别研究了高校主导建设和企业主导建设的新型研发机构运作管理模式，分析了两类新型研发机构的主要业务和功能。

当今世界正面临百年未有的重大变局，科技创新愈发成为未来国家竞争的重要力量。一方面，我国科技创新经过长期艰苦卓绝的努力，实现了从全面跟踪到跟跑、并跑、领跑三跑并存的历史性转变[9]，但关键核心技术受制于人的局面没有得到根本性改变，国家迫切需要在关键共性技术、前沿引领技术、现代工程技术、颠覆性技术方面的攻关创新。新型研发机构作为国家新时期科技创新体系建设的重要探索和国家战略科技力量培育的载体，亟待发挥自身优势，助力国家创新攻关。另一方面，尽管近年来新型研发机构在各地迅速涌现，其中不乏江苏省产业技术研究院、深圳清华大学研究院等机构取得了显著成效，但是仍有很多新型研发机构面临着目标定位不清、资源整合和运行困难、机构同质化严重、缺乏核心竞争力等现象，亟须进一步研究新型研发机构在战略性应用技术攻关上的管理组织模式，促进新型研发机构形成核心的技术竞争力和管理竞争力，从而提升国家科技创新体系的整体效能。

清华四川能源互联网研究院是清华大学举办的新型研发机构，于 2016 年 3 月在四川天府新区挂牌成立，该研究院依托清华大学电机工程与应用电子技术系、能源与动力工程系、土木水利学院、软件学院、车辆与运载学院等能源学科院系，致力于践行“能源革命”战略，开展能源互联网核心应用技术研究及成果转化。2021 年该研究院进入了第二个五年的新发展阶段，面对“30・60”碳达峰、碳中和目标以及构建以新能源为主体的新型电力系统重大需求，该研究院深感需要聚合研发力量，促进跨学科的产学研协同攻关，推动科技创新工作再上新台阶。为此清华四川能源互联网研究院开展了有组织研发的探索和实践，为实现重大战略性应用技术创新提供支撑保障。

2 有组织研发的概念

在当前激烈的国际科技竞争背景下，推动创新链与产业链融合相互支撑，成为我国产业关键核心技术“卡脖子”问题的重要着力点，产学研协同创新、融通创新是突破“卡脖子”问题的重要创新范式。协同创新[10]是以知识增值为核心，政产学研用等机构为了实现重大科技创新而开展的大跨度整合的创新组织模式。何郁冰[11]在产学研协同创新的理论模式中提出针对“战略—知识—组织”三重互动的产学研协同创新模式。陈劲等[12]、陈劲和阳镇[13]将协同创新理论拓展为融通创新理论，并进一步探讨了融通创新视角下通过产学研融通组织和新型研发机构实现产业关键核心技术突破的组织模式。

在产学研协同创新和融通创新的理论体系下，目前对于新型研发机构的有组织研发管理的理论研究相对较少，对有组织研发的概念也尚无统一和明确的定义。赵红光[14]认为有组织科技活动是指在特定的组织体系中，为实现既定的目标而开展的科学技术活动，包括政府组织开展的科技活动、企业组织开展的科技活动以及政府和企业间联合开展的科技活动这三种组织形态。余仰涛和朱德友[15]认为有组织创新是指组织内部管理人员通过创新活动的制度化和组织化，有计划、有组织地进行创新活动。文少保[16]指出美国有组织的研究单位是在高校不打破原有学院系科结构的基础上，成立了以跨学科研究为主的实验室、研究中心和大学研究所等形式的科研组织。

面对新形势下国家对科技创新的新要求，清华大学经全校第 18 次科研工作大讨论，提出了推进有组织科研的重大举措[17]。清华大学有组织科研定位于聚焦重大现实问题，服务国家重大需求，克服单打独斗、资源分散的弊端，全面提升大学服务国家战略的科技能力。清华四川能源互联网研究院是清华大学成立的新型研发机构，其有组织研发对应于清华大学有组织科研的延伸，围绕产业重大需求，有效将清华大学的基础原创技术做延伸研究、二次开发和集成创新。

相较于计划式科研的自上而下任务明确和自由式科研的自下而上自主探索，有组织研发是一种自上而下和自下而上相结合反复碰撞的过程，这种结合在复杂多变环境下和针对重大需求的战略性创新管理上更符合现代科研管理的一般规律。特罗特[18]认为研发管理过程需要“高级管理层和研发管理人员之间的持续对话”，是一个动态的、反复的、连续的过程。通过在清华四川能源互联网研究院的技术创新管理实践，本文总结提炼了新型研发机构的有组织研发模式，以期为新型研发机构开展服务重大需求的研发创新管理提供一般性的方法借鉴。新型研发机构的有组织研发是面向国家战略和产业重大需求，着力延伸高校基础原创技术，有效聚集科研人才、研发资金、产业政策、科技平台和服务资源，以突破产业关键核心技术瓶颈、开发创新产品或面向重大应用场景研究系统集成解决方案为目标的跨学科、跨阶段的动态式协同研发创新活动。

3 有组织研发的重要意义

在当前复杂的国际竞争形势下，我国迫切需要建设世界科技强国，努力成为世界主要科学中心和创新高地[19]。建设世界科技强国需要深化产学研合作，建立健全各主体、各方面、各环节有机互动、协同高效的国家创新体系。新型研发机构是国家创新体系中产学研结合的重要环节。在新形势下，新型研发机构有组织研发在解决重大产业需求和促进跨学科协同攻关方面具有重要意义，也是新型研发机构形成核心技术竞争力的创新管理模式。

3.1 促进解决产业重大需求

围绕支撑引领现代化经济体系建设和高质量发展的新要求，科技工作更加强化“四个面向”，坚持目标导向和问题导向，解决关键核心技术“卡脖子”问题和系统集成性关键技术难题。新型研发机构在针对此类产业重大需求对应的技术问题时，需要突破小团队单打独斗的研发范式，集中力量进行系统性、长期性的研发攻关。

“卡脖子”关键核心技术和系统集成性关键技术的一个重要的共性特征就是系统性[20]。系统性既表现在技术之间的相互依存制约，如芯片制造领域内的光刻机与光刻胶形成工艺与材料间的相互制约，也表现在技术的积累性和集群效应，我国芯片技术上曾经出现的“研制一代、落后一代”的怪圈正是该效应的体现。

能源电力行业关键技术具有更加明显的系统性。构建以新能源为主体的新型电力系统，不仅需要源端提高可再生能源比例，荷端提高电气化水平，还需要解决由此带来的系统安全稳定、供应保障和提质增效问题，在保障能源供应的前提下提高用能质量，降低用能成本。对于以新能源为主体的新型电力系统而言，新能源受风、光等自然条件影响产生的不确定性和波动性远高于传统火电电源，要实现电力系统安全、稳定、高效运行，需要发电功率预测、柔性输配电、智能控制、储能、负荷预测与响应等多种技术创新共同发挥作用。卓振宇等[21]的研究表明，高比例可再生能源并网将面临一系列技术挑战，各项关键技术的相对发展步伐及其耦合影响将决定未来高比例可再生能源电力系统的形态与发展路径。

有组织研发是解决此类重大产业需求的有效手段。系统性的特征导致这类关键技术的突破需要多个单点技术协同研发和久久为功的持续投入。有组织研发可以有效聚集组织相关资源和要素，针对需要突破的技术点，开展系统化技术攻关，最终形成解决产业重大需求的系统性关键技术和解决方案。

3.2 促进政产学研协同创新

有组织研发以国家战略需求和产业重大需求为导向，是新型研发机构自身主动开展的针对产业共性关键技术、重大应用技术和“卡脖子”技术的“揭榜挂帅”。实施有组织研发，在研发方向梳理、研发方案制订、研发任务实施、研发成果推广和研发绩效评价过程中，新型研发机构除需有效聚集自身资源外，还需要深度整合政府、企业、高校等多方资源和力量，共同推进有组织研发项目。

有组织研发的实施过程中，通过研发方向与产业应用的有机结合以及研发一线人员和产业人士的高度协同，可以保障研发人员对产业真实需求的深度理解和准确把握。通过与产业重点企业建立联合研发中心、组建产业联盟等形式，形成政产学研协作的组织形式，可以促进新型研发机构与产业界进行深度合作。同时，为保障研发组织过程顺利进行，新型研发机构需要探索此类政产学研协作组织的管理运行体系，特别是在人员属性、人才培养与激励、研发选题、知识产权归属、成果转化利益分配等方面，以保障政产学研协同创新高效规范运行。

3.3 促进跨学科交叉融合

重大产业需求的技术攻关往往需要跨学科和多团队协同，这一特征导致现代科研组织在组织结构上呈现更加灵活的跨学科、跨团队协同的新特征。新型科研组织结构包括跨学科综合研究组织结构、矩阵式组织结构和弹性组织结构[22]。

这三类结构的共同特征是为学科交叉提供组织保障。以矩阵式组织结构为例，采用纵向与横向相结合的办法，纵向根据学科和专业建立研究室，横向在承担综合性任务和研制产品时形成专题协作组。纵向是专业研究和职能部门的指挥线，横向是项目研究的指挥线，纵横交叉形成矩阵。有组织研发是现代新型科研组织结构下高效配置资源的研发手段，以国家战略引导和解决产业重大需求为目标进行研发课题设置，打破传统依托单一学科和专业开展研究的限制，对促进跨学科协同攻关、实现跨学科和跨领域交叉融合具有重要作用。

随着新一轮科技革命和产业变革加速演进，新的学科分支和新增长点不断涌现，学科深度交叉融合势不可挡，交叉学科建设已经成为国家科技发展的重要战略，成为我国第14个学科门类。第一批建设的交叉学科包括集成电路科学与工程和国家安全学[23]。能源互联网具有典型的交叉学科特征，它是以电力系统为核心和纽带，多种类型能源协同优化的能量和信息互联网络，利用能量流与信息流的深度耦合，实现横向多能互补、纵向源—网—荷—储协调，能源和信息高度融合的新型能源生态系统，涉及物理基础层、信息融合层和创新价值层三层架构，涉及学科包括电气工程、工程热物理、水利科学、电子学与信息系统和经济管理等。

3.4 形成新型研发机构核心技术竞争力

赖志杰等[24]认为新型研发机构核心竞争力表现在技术能力、管理能力、资源能力和创新能力四个方面。在新型研发机构建设初期，需要迅速形成人才团队聚集，资源能力将发挥较大作用。在长期发展过程中，通过有效的管理模式和高效的配置资源，形成技术能力和管理能力优势，从而实现持续性的创新能力。

新型研发机构在发展过程中，以深圳清华大学研究院为代表创立了“四不像”理论，成为新型研发机构发展历程中有益的创新模式理论探索。“四不像”理论提出了一种以科技创新、人才培养、管理服务和创业投资四大功能为核心的产学研合作科技创新孵化器的建设运营模式[25]，其突出特色在于通过完善的孵化与创投体系加速和促进科技成果的转化。在新型研发机构建立初期，人才聚集和团队建设是最重要的业务，“四不像”模式有助于新型研发机构迅速聚集人才，形成阶段性成果。

但在长期的发展过程中，新型研发机构还需要形成核心竞争力，特别是需要形成技术集聚的优势领域，以破解机构间同质化竞争和团队孵化造成人才技术流失的问题。有组织研发是一种动态的以资源引导聚焦特定领域持续进行研发投入的管理方法，这有助于新型研发机构不断沉淀创新技术，形成特定领域竞争比较优势，实现规模化技术创新。

4 有组织研发的要素

为实现有组织研发希望达成的战略目标，需要配套体系化的管理制度和流程。相较于一般的科研项目管理方法，有组织研发需要建立产学研协同的管理体系，同时通过动态的项目集群管理和系统性集成创新研究平台实现规模化的技术创新。

4.1 产学研协同管理体系

为保障技术研发始终面向产业的重大需求，需要构建产学研协同的管理体系，在选题、研发和迭代的全过程中保持产学研紧密结合，这是有组织研发的重要特色。

构建产学研协同的技术咨询体系。技术咨询体系包括技术委员会、技术专家库、项目专家组等各级组织和技术咨询的流程规范。新型研发机构技术咨询专家应由学术专家和产业专家共同组成，甚至可以包含管理、金融等方面的专家。技术咨询体系在研发战略方向、技术路径规划、研发项目立项和研发绩效后评价上都发挥重要的决策参考功能。例如，台湾“工研院”得到了政产学多层面的资源，组建了科技顾问团和技术咨询委员会，除了科技顾问团每年召开科技顾问会议外，还经常性召开现代工程技术研讨会等各类科技会议。鉴于这种多层面健康运作的科技咨询体系，技术规划逐渐建立并成为台湾“工研院”管理的强项[4]。

构建产学研协同的技术研发团队，包括与行业龙头企业建立联合研发中心或联合多个企业组建研发联盟等方式。联合研发中心由新型研发机构和龙头企业共同组建，能够直接针对龙头企业的技术需求组织研发力量，这种方式有助于克服传统技术转移中信息沟通不畅[26]等阻碍成果转化的问题。研发联盟是新型研发机构出题，多个企业平等参与的模式，研发联盟有助于推动产业共性关键技术研发，促进人才与技术的扩散。最著名的研发联盟案例当属台湾“工研院”笔记本电脑联盟，它由台湾“工研院”主导，46 家厂商参与，在极短的时间内完成了笔记本计算机开发工作，帮助台湾在 21 世纪初成为全球最大的笔记本计算机出产地[4]。

4.2 项目集群的动态管理

“熊彼特奖”获得者阿瑟[27]在《技术的本质：技术是什么，它是如何进化的》中指出，技术具有模块化和递归特性，新的技术来自此前技术的新组合和对新现象的利用，阿瑟将其称为技术的组合进化规律。鉴于此，为创造促进新技术诞生的创新环境，需要形成创新技术的集聚。阿瑟将这种个体技术的集群称为“域”，域为创新者在技术创新中提供了单个技术“元件”。

为形成创新技术的集聚，在创新管理上要将针对单个项目的管理扩展为针对项目集群的管理。项目集群围绕着某一特定研究方向或者应用示范场景，集群中的项目各自以一个或多个个体技术为目标。新型研发机构通过项目集群形成了促进规模化技术创新的环境。

动态管理是项目集群管理的特征。动态管理源自国际竞争形势和市场环境的变化，同时也源自技术创新自身的变化属性。对研发管理者而言，动态管理意味着对研发项目及其组合的价值评估将成为重要的管理工作。通过动态管理不断调整和修正项目资源配置方式，将为研发战略的最终达成寻找到实际执行路径。

4.3 系统性集成创新研究平台

促进创新技术的集聚的另外一个重要举措是构建系统性集成创新研究平台。习近平[28]提出建设中国特色国家实验室体系，可见研究平台对创新体系有着基础性的支撑作用。柯拉尔[3]将技术平台视作有组织创新的基本支撑要素之一，为技术集聚创新提供了物理基础的硬件条件支撑。系统性集成创新研究平台需构建以下三方面的功能。

一是构建创新技术试验测试基础条件，为关键器件、新型装备和系统集成方案提供应用测试。研究平台在建设和研究的过程中应始终关注科研过程中的测试技术和测试方法的积累，打造质量控制与保证体系的经验和能力，为科研活动开展提供良好的实验条件和研究测试手段。

二是打造研发应用创新体系，为新技术研究、新方法应用和新标准制定提供研究环境。研究平台应基于自身的基础试验测试条件，围绕关键基础理论、新兴技术方法和创新应用方案开展体系化的研究，同时为创新技术提供标准化试验评价手段和工程验证方法，推动创新技术逐步形成相关标准，促进创新技术向产业应用的传播。

三是推动新兴技术跨界融合，形成交叉领域集成解决方案。依托平台的研发能力，通过创建技术创新中心和企业联合研发中心等方式，发挥新型研发机构与政府、产业界之间的连接作用。并在人才智库、开放课题、联合转化和协同运行等具体工作层面进行新模式探索，建立技术信息共享渠道，促进关联技术的信息流动，加速协同发展步伐，开展引领性跨产业和跨领域创新试验研究。

5 清华四川能源互联网研究院有组织研发实践

清华四川能源互联网研究院作为清华大学在西部地区举办的唯一新型研发机构，经过五年发展，该研究院引进高层次研究团队 30 余个，汇聚海内外高层次人才 300 余名，其中入选国家、省、市、区高层次人才计划 49 人，累计承担科研项目 500 余项，凝练核心技术 70 项，科研项目合同金额超 4 亿元，申报知识产权 400 余件，获得授权 167 件，获得包括四川省科技进步奖一等奖在内的6项省部级科技奖励。

清华四川能源互联网研究院建院五年之际，在面向新时代碳达峰、碳中和目标和构建以新能源为主体的新型电力系统的新形势下，该研究院按照清华大学有组织研发的指导和要求，在总结前期工作经验的基础上，开展了有组织研发模式探索，为实现承担大项目、建设大平台和产出大成果的目标，形成新型研发机构核心竞争力奠定制度基础。

5.1 构建研究中心—研究所的研发组织管理体系

清华四川能源互联网研究院建立以来，建立了“六带”的科研团队引进模式，以团队作为独立的研究单位，开展科技创新和企业孵化[29]。为进一步聚焦科研方向，整合科研力量，开展有组织研发，该研究院重构了研究中心—研究所的组织体系，在重点研究方向布局设立研究中心，研究中心下设研究所。研究所在人事、财务方面相对独立运行，在研究方向上服从研究中心的统一布局。这样一方面便于在进行重点项目和重点产品攻关时能够有效整合相关方向的研发力量，另一方面也避免了相近研究方向的科研团队的重复科研，形成该研究院在相关研发方向的集成解决方案，实现关键技术规模化产出。

5.2 打造多层次的有组织研发计划体系

为有效开展有组织研发，清华四川能源互联网研究院以院内自立项目为重要抓手，根据不同的技术成熟度和研发阶段，构建了包含“种子计划”、“创新计划”和“配套计划”的有组织研发计划体系，系统性地培育重大创新成果。“种子计划”主要是针对能源互联网领域未来创新方向开展前瞻性预研，突出前沿性、开放性和探索性的特点，鼓励国内外优势机构单独或联合院内研发团队开展研究。“创新计划”面向国家能源战略方向和能源互联网产业重大需求，重点资助产业突破关键核心技术瓶颈和重大应用场景系统集成解决方案的研发创新，引导加强跨学科、跨团队研发协同，培育能源互联网应用技术创新重大成果。“配套计划”主要针对国家自然科学基金和国家重点研发计划等国家级科技计划项目设立配套支持，主要用于立项项目相关的产业关键技术深化或拓展研究。三类计划针对不同阶段的技术，具有不同的侧重点，全链条和系统性地培育重大创新成果。

创新计划是有组织研发计划中最重要的部分，占总体投入经费的75%左右。创新计划实施遵循战略导向、需求牵引、统筹布局、交叉协同、突出绩效的原则，按照专项和项目分层次管理。专项聚焦重点研发方向或重大示范场景，是具有相对统一目标或方向、促进学科交叉与融合的项目集群。专项下开展的具体创新项目是有组织研发工作组织实施的基本单位。专项下不同创新项目之间既相对独立又有机结合，同时可能在不同专项下相互交叉融合，并根据研发过程中的实施情况不断进行研发路线和资源配置的动态调整，从而共同支撑专项目标和有组织研发整体目标的实现。创新项目根据项目难度、重要性和影响力大小分成面上项目、重点项目和重大项目三个等级。各等级创新项目要求如表1所示。

表1　各等级创新项目要求

类别	项目要求
面上项目	围绕清华四川能源互联网研究院能源互联网重点研发方向，基于良好的研究基础，面向未来新兴技术高潜力生长点，开展创新性技术研发，凝练核心技术，形成行业内有竞争力的技术成果
重点项目	面向国家重大战略和能源互联网产业重大需求，推动学科交叉，面向产业关键核心技术瓶颈，开展深入的、系统的创新性研发，或面向重点应用场景，提出系统解决方案，支撑清华四川能源互联网研究院平台建设，形成推动行业技术进步、促进区域经济高质量发展的科技成果
重大项目	紧密围绕国家重大战略和能源互联网产业重大需求，广泛推动学科交叉，加强重大关键共性技术攻关，突破产业转型升级的关键技术瓶颈，开发重大战略性创新产品，面向重大应用场景，提出系统集成解决方案，策划推动高水平重大工程，培养科技创新创业领军人才和团队，形成行业龙头企业的深度产学研合作，引领行业转型升级

5.3　建设数字化系统级能源互联网试验研究平台

建设高水平的试验研究平台是有组织研发的重要支撑，对实现产业关键核心技术瓶颈突破和重大应用场景的技术集成，以及促进学科交叉、产研融合具有重要意义。截止2021年8月，清华四川能源互联网研究院完成了能源互联网实验室体系规划，累计投入的平台建设经费超9000万元，实验面积4000平方米，建设了能源互联网系统及装备实验室、智慧氢能系统实验室、能源半导体可靠性检测分析实验室、智能传感实验室，筹建了智慧城市能源系统实验室、智慧水电与流域安全实验室，形成了研究支撑型创新平台群。在资质建设方面，该研究院充分利用清华大学科研资源和技术成果，打造国家重点实验室能源互联网分室和CNAS（China National Accreditation Service for Conformity Assessment，中国合格评定国家认可委员会）认证实验室等科技创新平台。

该研究院依托试验研究平台开展协同创新，积极发挥平台集聚作用，拓宽与顶尖高校院所及产业龙头单位联合渠道，共同构建能源互联网“产—学—研”平台集群，支撑学科与产业的联合互补发展。与全球顶尖高校院所构建联合研究平台，共同开展能源互联网核心理论及基础应用研究，形成科研集聚态势。合作高校包括华盛顿大学、斯坦福大学、瑞士洛桑联邦理工学院、澳门大学、电子科技大学、西南石油大学以及西南科技大学等。以自身创新研究成果为载体积极与行业龙头企业建立联合技术攻关平台，进一步扩大产业辐射与支持能力，获批成立四川省工业大数据创新中心和成都氢能产业技术研究院等联合组织，积极筹备与国家电网、南方电网和格力集团等龙头单位成立联合技术攻关平台等。

能源互联网试验研究平台自2018年开放运行以来，截止2021年8月，累计承担及参与科技项目93项，项目经费达1.22亿元，其中国家级项目12项，涉及经费1478万元，发表论文118篇，申请专利93项，其中发明专利63项，已授权37项。能源互联网试验研究平台为该研究院开展共性关键技术和系统集成技术研究，推动工程应用落地示范提供了有效支撑。

6　结论

在当前复杂的国际竞争形势下，科技创新愈发成为未来国家竞争的重要力量，构建国家创新体系是建设科技强国的基本要求。新型研发机构在国家创新体系中承担促进产学研协同推动产业共性技术创新的重要作用。本文提出了新型研发机构有组织研发模式并介绍了清华四川能源互联网研究院开展的实践探索。面对重大战略性应用技术创新需求，新型研发机构应强化有组织研发，构建产学研协同的管理系统，建设系统性集成创新研究平台并建立动态的创新项目集群管理模式，有效促进跨学科协同攻关，打造新型研发机构核心技术竞争力。

参考文献

[1] 陈劲. 关于构建新型国家创新体系的思考[J]. 中国科学院院刊，2018，33（5）：479-483.

[2] 中华人民共和国科学技术部. 科技部印发《关于促进新型研发机构发展的指导意见》的通知[J]. 科学中国人，2019，（22）：58-59.

[3] 柯拉尔 S C. 有组织创新——美国繁荣复兴之蓝图[M]. 陈劲，等译. 北京：清华大学出版社，2017.

[4] 林垂宙. 创新四重奏[M]. 上海：上海交通大学出版社，2014.

[5] 沈洁雪. 深圳清华大学研究院："四不像"创新理论开启产学研合作新局面[J]. 中国科技产业，2011，（11）：57.

[6] 夏太寿，张玉赋，高冉晖，等. 我国新型研发机构协同创新模式与机制研究——以苏粤陕 6 家新型研发机构为例[J]. 科技进步与对策，2014，31（14）：13-18.

[7] 赵剑冬，戴青云. 高校主导建设的新型研发机构运作管理模式[J]. 中国高校科技，2017，（12）：11-15.

[8] 赵剑冬. 企业主导建设的新型研发机构运作管理模式研究[J]. 价值工程，2018，37（26）：85-88.

[9] 中国科学技术发展战略研究院. 第五次国家技术预测报告[R]. 北京：中国科学技术发展战略研究院，2016.

[10] 陈劲，阳银娟. 协同创新的理论基础与内涵[J]. 科学学研究，2012，30（2）：161-164.

[11] 何郁冰. 产学研协同创新的理论模式[J]. 科学学研究，2012，30（2）：165-174.

[12] 陈劲，阳银娟，刘畅. 融通创新的理论内涵与实践探索[J]. 创新科技，2020，20（2）：1-9.

[13] 陈劲，阳镇. 融通创新视角下关键核心技术的突破：理论框架与实现路径[J]. 社会科学，2021，（5）：58-69.

[14] 赵红光. 我国有组织科技活动发展战略初探[J]. 中国软科学，2002，（10）：82-86.

[15] 余仰涛，朱德友. 管理学理论实务概论[M]. 武汉：武汉大学出版社，2009.

[16] 文少保. 美国大学"有组织的"跨学科研究创新的战略保障[J]. 中国高教研究，2011，（10）：31-33.

[17] 邱勇，赵婀娜. 提升服务国家战略的科技能力[N]. 人民日报，2020-10-27（11）.

[18] 特罗特 P. 创新管理和新产品开发[M]. 第 6 版. 焦豪，等译. 北京：机械工业出版社，2020.

[19] 习近平. 努力成为世界主要科学中心和创新高地[J]. 当代党员，2021，（7）：3-6.

[20] 邢冬梅. "卡脖子"技术问题的成因与规避——技术轨道的分析视角[J]. 国家治理，2020，（45）：21-25.

[21] 卓振宇，张宁，谢小荣，等. 高比例可再生能源电力系统关键技术及发展挑战[J]. 电力系统自动化，2021，45（9）：171-191.

[22] 张九庆. 自牛顿以来的科学家——近现代科学家群体透视[M]. 合肥：安徽教育出版社，2002.

[23] 国务院学位委员会，教育部. 关于设置"交叉学科"门类、"集成电路科学与工程"和"国家安全学"一

级学科的通知[EB/OL]. http://www.gov.cn/xinwen/2021-01/14/content_5579799.htm[2021-09-08].

[24] 赖志杰，任志宽，李嘉. 新型研发机构的核心竞争力研究——基于竞争力结构模型及形成机理的分析[J]. 科技管理研究，2017，37（10）：115-120.

[25] 林强，姜彦福，王德保，等. 科技创新孵化器的管理模式研究——以深圳清华大学研究院为例[J]. 科学学与科学技术管理，2003，（8）：16-21.

[26] 肖鹏，刘莉，杜鹏程. 校企联合研发模式推动科技成果转化的问题及对策研究[J]. 科技进步与对策，2012，29（13）：19-23.

[27] 阿瑟 B. 技术的本质：技术是什么，它是如何进化的[M]. 曹东溟，王健译. 杭州：浙江人民出版社，2014.

[28] 习近平. 在中国科学院第二十次院士大会、中国工程院第十五次院士大会、中国科协第十次全国代表大会上的讲话. http://www.gov.cn/gongbao/content/2021/content_5616154.htm[2021-05-28].

[29] 胡艺凡. 校地合作产业技术研究院模式研究——以清华 X 研究院为例[D]. 成都：电子科技大学，2018.

Organized Research and Development Method of New R&D Institutions: Taking Sichuan Energy Internet Research Institute, Tsinghua University as An Example

Lv Lanchun[1], Hu Yifan[1], Yang Xianlong[1], Gao Wensheng[1,2]

（1.Sichuan Energy Internet Research Institute, Tsinghua University, Chengdu 610042, China;
2.Department of Electrical Engineering, Tsinghua University, Beijing 100084, China）

Abstract: Under the current fierce international competition situation, new R&D institutions are still short at solving the problem of strangle key technologies. To meet the major industry demand, new R&D institutions need to establish organized research and development mode（ORD）, to promote interdisciplinary collaboration between industry and research, and make scaled breakthroughs in strategic application technology innovation. As a typical new R&D institution, Sichuan Energy Internet Research Institute, Tsinghua University, carried out exploration and practice of organized research and development method among organization and management system, research and development plan, experimental platform. It propose general organized research and development method of new R&D institution, including establishing an industry-university-research collaborative management system, carrying out dynamic management for cluster of projects, and building a systematic integrated innovation research platform.

Keywords: new R&D institutions; scientific and technological innovation; industry-university-research cooperation; innovation management

后发企业如何实现颠覆式创新——基于创新价值链的双案例研究*

胡海波，毛纯兵，卢海涛，费梅菊

（江西财经大学 工商管理学院，南昌 330032）

摘要：从创新价值链理论出发，基于两种市场下后发企业的创新战略与创新价值链存在的三种匹配关系，得出以下结论：现有市场下，后发企业采用的战略以利用性创新战略为主，以探索性创新战略为辅，需经历较长时间才能实现延续型颠覆式创新；新市场下，后发企业以探索性创新战略为主，以利用性创新战略为辅，可以快速实现突变型颠覆式创新。

关键词：颠覆式创新；创新价值链；后发企业；实现机制

中图分类号：F272.3　　**文献标识码**：A

在位企业依靠长期的技术积累与深厚的市场家底，保持着领先优势，形成对后发企业的绝对控制[1]。我国大部分企业成立时间短，发展根基相对薄弱，技术积累与市场开拓等方面与在位企业形成了较大的差距[2]，难以较快地实现对在位企业的颠覆。1997 年，哈佛大学 Christensen 教授首次提出颠覆式创新（disruptive innovation），为后发企业快速发展提供了一种全新的创新范式。颠覆式创新可以改变后发企业技术成长轨迹与市场进入方式，帮助后发企业快速掌握核心技术，进而占据主流市场[3]。国内小米、阿里巴巴、华为等公司与集团都是运用颠覆式创新实现“弯道超车”的后发企业，这些企业具有一些共同的特征，如在技术与市场创新上具有自己的特色。

---

*基金项目：国家社会科学基金项目“全球制造中我国企业创新网络嵌入路径研究”（15BGL033）；江西省研究生创新专项资金项目“破坏性创新视角下后发企业技术追赶演化过程案例研究”（YC2019-S198）；国家留学基金项目“传统制造企业数字化转型研究：赋能视角”（201908360384）。

作者简介：胡海波（1979—），男，江西南昌人，江西财经大学工商管理学院院长、教授，博士生导师，研究方向为创新与战略管理；毛纯兵（1995—），男，湖北恩施人，江西财经大学工商管理学院博士研究生，研究方向为创新与战略管理；卢海涛（1994—），男，江西萍乡人，江西财经大学工商管理学院博士研究生，研究方向为数字化转型与创新；费梅菊（1997—），女，浙江嘉兴人，江西财经大学工商管理学院硕士研究生，研究方向为创新与创业管理。

后发企业的颠覆式创新是一个过程[4]。现有研究表明，后发企业实现颠覆的路径有两条，一条是聚焦于现有市场进行颠覆，另一条是聚焦于新市场进行颠覆[1, 5]。现有市场即已有的旧市场，在这一市场空间中，后发企业面临着众多的竞争对手，后发企业可以瞄准在位企业不太关心的盈利空间进行颠覆[6]；新市场即全新的市场，在这一市场空间中，后发企业的竞争对手较少，具有较大的机会实现颠覆[7]。然而，他们的研究仍然具有一定的局限性。第一，对现有市场与新市场的颠覆式创新模式研究较少；第二，对后发企业该如何具体实现颠覆式创新的研究较少。造成以上研究局限的原因在于后发企业颠覆式创新研究还未达到成熟阶段，现有研究更关注如概念、类型等一般意义的研究，对实现颠覆式创新的具体战略等研究不足。

基于此，本文结合理论与实践的需要，选择从创新价值链视角剖析后发企业是如何实现颠覆式创新的。创新价值链理论认为，后发企业必须经历创意产生、创意转化和创意传播三个阶段才能构建完整的创新价值链[8, 9]，并指出创新价值链具有知识价值与产品价值双重属性[10]。由此，部分学者提出创新价值链的基本模式为先从中低端切入，后从模仿开始逐渐沿着价值链向高端延伸[11]，这种模式与颠覆式创新市场侵入模式都具有相似的特征。基于以上观点，有研究将创新价值链与企业创新战略综合起来，研究二者对企业创新绩效的影响，他们基于全过程视角，以驱动因素、创新过程、商业实现以及客户吸引等为研究切入点[12]，通过多元角度剖析企业从拥有技术到实现商业化的过程。因此，后发企业要实现颠覆式创新首先就应该考虑技术市场化问题[13]。

基于以上分析，本文采用双案例研究，试图解决以下问题：创新价值链对后发企业实现颠覆式创新具有怎样的作用？后发企业该如何具体实现颠覆式创新？因此，本文以中至数据集团股份有限公司（以下简称中至数据）与上海汇招信息技术有限公司（以下简称易招标，系公司服务品牌）两家企业为研究对象，基于创新价值链视角研究后发企业颠覆式创新的实现机制，为后发企业颠覆在位企业提供理论与实践指导。

1 文献综述

1.1 后发企业及其创新战略

后发企业的研究大致分为两类，一类立足于国家层面，另一类立足于行业层面。前者将后发企业定位于新兴工业化国家，认为后发企业由于偏离国际研发中心与主流市场而在技术与市场中处于劣势，其终极目标是进入国际市场[14, 15]。后者认为后发企业虽然缺乏进入主流技术与市场的渠道，但自身具有一定的原始竞争优势，如成本较低、功能简便等，通过一定的技术积累后，它们最终会进入甚至主导主流技术与市场，成为行业的领导者[16]。后发企业具有以下特征：①后发企业以追赶为主要目标[2, 17]；②后发企业初期缺乏发展所需的资源[18]；③后发企业具有较强的组织学习能力，可以快速积累技术经验[19]。

从现有文献研究来看，无论是定量研究还是定性研究，后发企业的研究尤其侧重于后发追赶或超越[2, 20]，这种追赶效应是后发企业达到世界前沿的“跳板”[15]，对企业创新绩效的提升具有重要作用[21]。然而，现有文献较少研究后发企业在追赶过程中应采取的具体创新战略，造成这种偏差的原因在于：第一，认为追赶是后发企业的特有属性，后发企业以追赶为主要目标，只要后发企业制订了追赶战略就会达到理想的追赶绩效[22]；第二，认为后发企业初期缺乏资源，其发展无规律可循，很难制订明确的创新战略[18]。

创新战略是任何企业都需要考虑的发展问题[23]，从某种程度上来说，后发企业明确了创新战略才能更好地实现颠覆[24]。后发企业的创新战略可以分为探索性与利用性两类[2]，探索性创新战略具有明显的颠覆作用，其结果会构建全新的技术、产品等[25]；利用性创新战略较温和，是在现有基础上进行适当改进与完善，但使用恰当也会对后发企业的发展起到巨大作用[26]。有研究表明，企业过度采用利用性创新战略会使企业产生依赖性，缺少对发展方向坚定的信念[27]；过度采用探索性创新战略则会加重企业负担，且新技术存在不确定性[28]，后发企业处于弱势的地位，在颠覆先发优势企业的过程中有必要权衡好利用性创新战略与探索性创新战略的利弊。

1.2 后发企业的颠覆式创新

Christensen[1]基于对磁盘等行业历史演进推动因素的研究，总结归纳出颠覆式创新的理论框架。他认为，颠覆式创新尤其适用于基础薄弱的后发企业，鼓励那些资源较少的后发企业定位于低端市场，随着技术不断积累与市场不断拓展，最终进入甚至主导主流市场[1, 6, 13]。

现有研究提出，后发企业颠覆式创新聚焦于两大市场，一类是现有市场，这类市场已经具有了众多同行竞争企业，包括在位企业以及初创企业[3, 6]。在位企业为满足主流市场的需求，不断改进现有技术，却忽略了低端市场的需求[5]，这便为后发企业实现颠覆式创新提供了一定的发展空间。初创企业受限于资源限制、管理无序等，较难判断特定的市场需求[29]。由于这类市场待开发的技术与产品有限，后发企业需要较长时间的积累才能实现颠覆[13]。另一类是新市场，即全新的市场空间，与现有市场不同，新市场中存在较少的同行竞争企业，后发企业利用自身某些独特的优势，提供与在位企业功能不同的技术与产品以满足特定的消费群体，进而创造一个全新的市场[6, 7]。由于这类市场待开发的技术与产品是无限的，后发企业结合市场需求便可快速实现对在位企业的颠覆[7]。

后发企业的颠覆式创新是一个过程[4]。Christensen 等[6]指出颠覆式创新是一个从低端颠覆到高端颠覆的演化过程，低端颠覆式创新是指后发企业以低端市场为发力点，提供较主流市场价格更便宜、功能更简单的产品，随着企业技术水平与产品品质的提升，逐渐成长为领先企业[5]；高端颠覆式创新是指后发企业以主流市场为发力点，在较短时间内集中资源和抢夺市场份额[13]。尽管现有研究分析了颠覆式创新的阶段演化，并划分了不同的演化过程，但对从低端颠覆到高端颠覆的具体实现过程（如在不同阶段聚焦于资源或技术或市场进行颠覆）研究较少，而这对于后发企业如何具体实施颠覆式创新是十分重要的。

基于以上分析，本文将着重研究后发企业颠覆式创新在不同发生区域（现有市场与新市场）的演化过程，即现有市场与新市场下后发企业该如何具体实现从低端颠覆到高端颠覆的演化。

1.3 创新价值链

尽管后发企业具有学习能力强的特征，但由于后发企业初期缺乏发展所需的资源，循序渐进地构建创新价值链对后发企业快速积累技术和经验及实现追赶与颠覆在位企业的首要目标具有重要意义。Hasen 和 Birkinshaw[8]最早提出创新价值链具有创意形成、创意转化和创意拓展三个阶段，实现对创新价值链全过程与全要素的把控。

从现有研究来看，学者基于 Hasen 和 Birkinshaw 的研究，通过过程视角，将创新价值链划分为三大阶段，即前期资源积累、中期技术研发与后期产品市场化[11]，进一步地，可以概括为资源创新、技术创新与市场创新[10, 12]。资源创新阶段是整个创新价值链的初始环节[30, 31]，后发企业通过对创新知识的识别、整合与利用等，来掌握创新原理、方法、规律等；技术创新阶段处于创新价值链的中间位置，具有承上启下的作用，后发企业在该阶段将创新知识转化为对企业发展具有重要作用的技术成果；市场创新阶段处于创新价值链的尾端，决定了技术成果能否转化为商业化能力，这一阶段，企业需要通过一系列的产品或市场手段达到商业化目标[12]。

从阶段发展来看，创新价值链本身具有颠覆的属性[12]。从资源积累到技术转化再到市场商业化，每一步都需要企业进行有别于其他企业的创新活动，只有这样，企业才有可能构建一条完整的价值链，企业在发展过程中才有可能获取创新动力[9]。基于此，借助创新价值链的阶段属性研究后发企业的颠覆式创新实现过程，对后发企业创新发展具有重要的理论研究意义与实践指导价值。

1.4 研究述评

后发企业可以通过颠覆式创新缩短与在位企业的差距[6]，但后发企业该如何实现颠覆式创新，是后发企业追赶甚至赶超在位企业的前提。通过上述文献分析，本文发现，现有研究具有两大研究缺陷：第一，聚焦于后发企业追赶绩效研究，缺少对后发企业在追赶过程中应采取的具体创新战略研究；第二，聚焦于后发企业颠覆式创新两大市场研究，缺少对后发企业在两大市场中具体的创新战略研究。

本文认为，现有研究提出的后发企业颠覆式创新两条实现路径是可行的，只是对两条路径具体实现机制的解释力度还不够。基于此，本文从创新价值链视角出发，拟解决两个问题：第一，后发企业在不同创新价值链阶段如何匹配创新战略？第二，后发企业在不同创新价值链与创新战略匹配的影响下，如何具体实现颠覆式创新？本文的理论分析框架如图 1 所示。

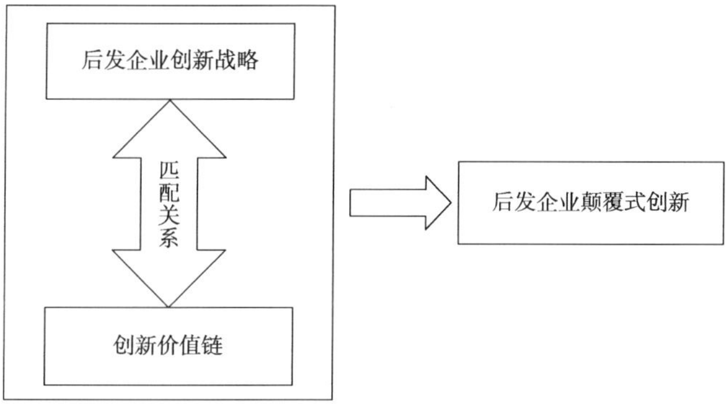

图 1 本文的理论分析框架

2 研究设计

2.1 方法选择

本文选择双案例研究方法，原因在于：第一，本文的研究目的在于探讨后发企业如何实现颠覆，并结合创新价值链理论，归因分析后发企业颠覆式创新的实现机制，属于“怎么样”（how）和“为什么”（why）的问题，适合使用案例研究方法[32, 33]；第二，案例对比分析能发现案例间的相似性与差异性，研究结论能互为补充，进而提高研究的内部效度[32]，有助于完整展现后发企业实现颠覆的全过程实现机制；第三，相较于单案例研究，双案例对比研究能得出更具普适性的理论，提高了研究的外部效度[34]。

2.2 案例选取

本文选取中至数据和易招标两家企业作为案例研究对象，两家企业的典型特征与本文研究主题高度契合。首先，两家企业都通过颠覆式创新实现了成长，均成为行业中具有标杆作用的企业。其次，中至数据植根于互联网行业现有市场，经过多年积累实现对行业的颠覆；易招标则构建了电子招标采购新市场，对传统招标采购行业实现了颠覆，因此能够形成较强的对比关系。具体来说，案例企业选择遵循了三大原则。

（1）遵循代表性原则[35]。中至数据与易招标都是所在行业的代表性企业，中至数据在 2017 年和 2019 年两次荣登中国互联网企业百强榜，易招标则通过对电子招标采购的不断探索，多次打破了行业纪录。两家企业大事记如图 2 所示。

（2）遵循理论抽样的原则[32]。案例研究对象的选择出于对理论的需要，要么发现与弥补现有理论不足，要么构建新理论[34]。中至数据聚焦于互联网现有市场，实现了对互联网行业的颠覆，而易招标聚焦于电子招标采购新市场，实现了对招标采购行业的颠覆，符合研究主题。

图 2　中至数据与易招标大事记

（3）遵循研究可行性与数据可得性原则[33]。研究团队与两家企业取得了联系，与两家企业相关负责人直接沟通交流，通过实地调研获取了全面的数据，这便于后续研究。

案例企业的基本信息如表 1 所示。

表 1　案例企业基本信息

案例企业	主营业务	颠覆情况	后发企业判断
中至数据	网络广告代理、桌游、民生服务	低端进入，从网络广告代理中延伸出成熟的数字娱乐、数字营销与数字生活三大业务	创建时腾讯、搜狗等企业的网络广告代理业务已成熟，中至数据在网络广告代理行业中属于后发企业
易招标	招标采购整体解决方案、第三方交易平台（招采进宝）等	将招标采购与互联网结合，构建电子招标采购新行业，成长为行业领先者	进入招投标行业时，线下招投标代理机构已存在，易招标在招投标整个行业中属于后发企业

2.3　数据搜集

本文数据主要来自对中至数据与易招标的半结构化访谈，并辅之以现场观察和二手数据收集等，在保证数据来源多样性的基础上对数据进行三角验证[32]，保证数据的可靠性。

（1）半结构化访谈。结合研究主题，研究团队提前设计好调研访谈提纲，保证访谈中获取的数据与研究主题高度契合[34]。访谈过程中，研究团队对中至数据与易招标相关人员（包括公司创始人、其他高管、部门负责人和基层员工代表等）围绕企业发展历程、创新转型和未来战略等问题进行深度访谈（调研访谈情况如表 2 所示）。访谈全过程录音，并在 24 小时内还原录音。

表 2 案例企业数据收集基本情况

<table>
<tr><th>案例企业</th><th>数据来源</th><th colspan="4">数据信息</th></tr>
<tr><td rowspan="4">中至数据</td><td rowspan="2">半结构化访谈</td><td>访谈时长</td><td>访谈还原字数</td><td>访谈人数</td><td>访谈对象</td></tr>
<tr><td>12 小时</td><td>6 万字</td><td>11 人</td><td>公司创始人、研发部副总、手机桌游部副总、董事会秘书、桌游部负责人、推广部负责人、生活平台部负责人、网页游戏部负责人、行政部负责人、基层员工代表（2 人）</td></tr>
<tr><td>现场观察</td><td colspan="4">走访中至数据企业文化展厅、总部办公大楼等</td></tr>
<tr><td>二手数据收集</td><td colspan="4">中至数据官网资料、有关中至数据的新闻报道等</td></tr>
<tr><td rowspan="4">易招标</td><td rowspan="2">半结构化访谈</td><td>访谈时长</td><td>访谈还原字数</td><td>访谈人数</td><td>访谈对象</td></tr>
<tr><td>14.5 小时</td><td>7.5 万字</td><td>16 人</td><td>公司创始人、高管（5 人）、大客户部负责人、项目实施部负责人、质量控制部负责人、咨询服务部负责人、人力资本部负责人、财务管理部负责人、招采进宝事业部负责人、基层员工代表（3 人）</td></tr>
<tr><td>现场观察</td><td colspan="4">走访易招标总部办公区域、文化走廊等</td></tr>
<tr><td>二手数据收集</td><td colspan="4">易招标官网资料、有关易招标的新闻报道、企业内部资料等</td></tr>
</table>

（2）现场观察。调研访谈期间，在两家企业主要负责人的带领下，研究团队分别参观了中至数据的企业文化展厅、总部办公大楼等和易招标的总部办公区域、文化走廊等，现场感受两家企业发展的关键点，加深了对两家企业的认识。

（3）二手数据收集。主要来源于三种渠道：第一，从两家企业官方渠道，如企业官网、微信公众号等收集与本文相关的数据；第二，从文献、书籍中获取相关信息；第三，从新闻报道中收集两家企业发展大事件等。

2.4 数据编码与分析

本文借鉴 Miles 和 Huberman[36]、肖静华等[37]、朱晓红等[38]的编码建议，遵循规范的编码步骤，将编码工作分为三个阶段。首先是数据简化阶段，研究团队挑选与提炼原始文本资料，将复杂的原始文本资料转化为易识别的编码表。资料转化过程经历了两大步骤：第一，界定初始编码，即界定不同数据的来源，例如，将来自公司创始人和高管的访谈数据标记为 M1；来自部门负责人或基层员工代表的访谈数据标记为 M2；通过公共渠道获取的数据标记为 S1；通过企业内部文档获取的数据标记为 S2。第二，提炼编码构念，这需要在文献分析的基础上清晰地了解与本文研究主题相关构念的含义，本文编码构念包括创新价值链、后发企业创新战略与颠覆式创新，具体如表 3 所示。其次是比较修正阶段，即 2 名研究人员就彼此的编码结果进行对比分析，并就不一致编码结果进行讨论，随后重新补充数据与再次编码比对，以达成一致结果。最后是结论与验证阶段，第一，在前两阶段的基础上构建本文理论分析框架；

第二，反复比较、验证理论与数据、理论框架与关键理论之间的关系是否合理，以保证研究结论的有效性，如果不合理，则应补充调研数据，重新梳理相关理论，为完善研究结论提供数据与理论支撑。

表3 编码构念

构念	测度变量	特征表达	关键词举证
创新价值链	资源创新	对创新知识进行资源、整合与利用等	模仿复制、差异革新
	技术创新	将获取的资源转化为新技术	技术转化、新技术
	市场创新	利用改进的新技术提升产品性能，转化为市场进入能力	产品改进、进入市场
后发企业创新战略	技术探索	构建全新的技术	全新技术
	技术利用	改进现有技术的功能、性能等	改善技术功能、性能等
	市场探索	开发出全新的产品，以满足新市场需求、培育新客户	全新产品、新需求、新用户
	市场利用	延伸现有产品，以扩大现有客户数量	改善产品性能、原有客户
颠覆式创新	现有市场颠覆	在已有的市场中改善技术与产品等，实现对在位企业的颠覆	已有市场、技术或产品改善、有限发展空间
	新市场颠覆	构建全新的市场，避开与传统优势企业的直接竞争以实现颠覆	全新市场、全新技术或产品、巨大发展空间

3 案例发现

为什么后发企业实现颠覆的周期存在差异性？通过案例对比分析发现，两家案例企业由于聚焦于不同的市场，在资源、技术与市场创新上存在差异，构建了两种颠覆实现路径。中至数据聚焦于现有市场，强调对资源、技术与市场不断改进，在改进的过程中实现颠覆；易招标聚焦于新市场，强调构建全新的资源、技术与市场，在企业成立初期便实现颠覆。

3.1 现有市场下后发企业的颠覆式创新

现有市场下后发企业的颠覆式创新主要针对在位企业已占据的市场进行颠覆式创新[6]。中至数据紧跟在位企业步伐，聚焦于现有市场进行颠覆式创新。这一聚焦战略使得中至数据在资源、技术与市场创新上与易招标形成了明显的差异。本文通过对中至数据的归纳分析发现，中至数据在创新价值链不同阶段，实现了现有市场的颠覆。在实现颠覆的过程中，中至数据对现有的资源、技术与市场进行充分利用与探索，不断改进技术与业务体系，经历了较长时间实现对现有市场的颠覆。结合中至数据在不同创新价值链阶段的颠覆手段，本文将其颠覆实现过程分为三个阶段：通过资源利用性手段实现资源低端颠覆，通过技术利用性手段实现技术低端颠覆，通过市场探索性手段实现市场高端颠覆。表4列举了现有市场下后发企业的颠覆式创新实现路径的主要特征与证据举例。

表 4 现有市场下后发企业的颠覆式创新实现路径的主要特征与证据举例

阶段	维度	主要构念	典型证据援引
资源创新阶段	资源利用	模仿复制	公司正式成立以前，我们选择先从市场发展成熟的网络广告代理入手，模仿学习现有的技术，这样既可以了解市场发展趋势，也可以根据市场趋势做出调整（M2）
		持续改进	我们对网络技术持续改进，逐渐可以做一些网站，包括电影网站。在做网站的同时，我也加入了一些广告联盟，比如新浪、搜狐等（M1）
技术创新阶段	技术利用	技术积累	那个时候不管是团队还是技术的各个方面，其实都是一个雏形状态，经历了很长一段时间的积累（M2） 关闭部分门户网站后，我们借助网站技术，开发浏览器。我们这款浏览器内置了非常多的格式，大概有两百多种格式，比如，看电子书能直接浏览，看 PDF 文件可以直接在浏览器上看，很多的音乐不用下载播放器（M1）
		技术改进	从 2009 年开始我们组建软件团队，技术水平得到提升，开发了很多软件（M1）
市场创新阶段	市场探索	开发新产品	做棋牌的一个出发点，是因为棋牌用户的黏度比较高，黏性强，市场需求量大（M1） 2012 年开发出新软件，该软件叫酷压压缩软件，同时也开始进行网页游戏平台搭建，取名为 2217 游戏平台（S2） 2013 年我们尝试怎样把擎盟广告联盟整体做得更大，在这个里面发展起来了数字营销、数字娱乐和数字生活（M1） 通过棋牌我们对未来市场产生了一些新的想法，比如对于经济和教育领域，我们也会去尝试（M2）
		扩展市场范围	我们现在的手机桌游，是我们做的一个比较具有地区化的产品，在江西整体市场份额是第一位的。近年来也开始考虑向省外延伸，也做了一些尝试，整体效果还不错（M2） 手游市场以江西省为主，在江苏和山西等地也有一些（M1）

3.1.1 资源创新阶段：通过资源利用性手段实现资源低端颠覆

中至数据成立以前，国内互联网逐渐兴起，例如，百度、腾讯等公司便是在那个时候发展起来的。为了找准公司创业机会与未来发展方向，中至数据选择学习其他互联网公司业务发展模式，寻求创业盈利点。编码结果显示中至数据在资源创新阶段通过资源利用性手段实现了低端颠覆。首先，以模仿复制的方式获取资源创新的新创意，这种创新战略聚焦于现有市场下竞争对手的产品与市场策略，及时跟进市场信息，以最快的速度复制成功企业的创意，正如中至数据创始人所说，“公司创立前期因为发展所限，创新能力较低，只能从最简单的网络广告代理模式模仿学习，一步一步强大”；其次，以持续改进的方式运用可以促进资源创新的新创意，这种创新战略将知识创新方式由企业外部转移到企业内部，以细微的改进将前期模仿的创意运用与检验，这种新创意与现有市场下的创新存在一定的差异，正如创始人所说，“长期的广告代理为企业发展提供了动力，在此基础上，我们建立了广告联盟，将广告主、广告商与网民联系起来，这是当时市场的一大改进”。

此阶段处于中至数据创建准备时期，创始人的战略决策对中至数据的发展道路起到了决定性作用，具体体现在网络广告代理业务选择与广告联盟创建等问题上。可以发现，此阶段中至数据在创始人的领导下采取了创意模仿创新战略，实现了低端颠覆（如图3中①对应的实现过程）。具体而言，在资源创新阶段，中至数据的创意模仿创新战略分为两个方面：第一，通过模仿复制决定业务类型，结合创业经验和市场发展趋势，创始人识别了创业资源以及市场发展资源，并对其进行模仿学习，进一步明确了中至数据初期的主要业务——网络广告代理；第二，通过持续改进决定业务模式，为了达到获取利润的目的，创始人构建了广告联盟，做网络广告代理的第三方，这使得企业创意来源于模仿者但又高于模仿者，在创建初期便形成了颠覆的意识。

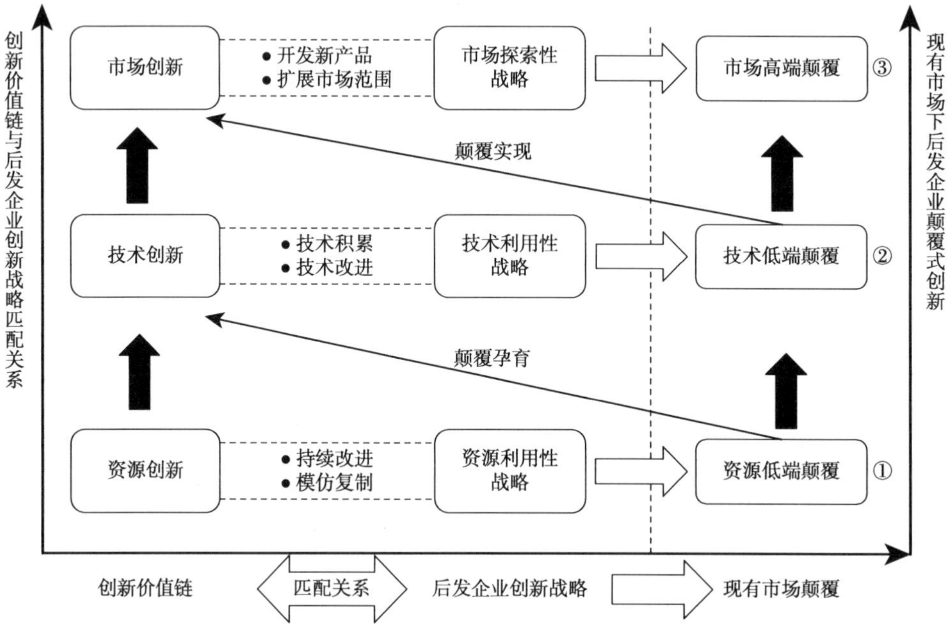

图3 现有市场下后发企业的颠覆式创新

（1）①②③表示现有市场下后发企业实现颠覆式创新的具体路径。（2）匹配关系：现有市场下后发企业在不同创新价值链阶段会选择不同的创新战略。（3）颠覆孕育：现有市场下后发企业开始进行颠覆式创新。颠覆实现：现有市场下后发企业实现颠覆式创新

3.1.2 技术创新阶段：通过技术利用性手段实现技术低端颠覆

中至数据在互联网产业形成期创建，初期借助页面标签技术开展网络广告代理业务。为了扩大盈利空间，中至数据采用页面标签技术收集及分析广告浏览与投放数据，创建属于自身的广告联盟平台——挚盟广告联盟，为其他相关者提供技术与产品服务。2005年，中至数据开始转向技术发展方向，借助前期的技术经验，搭建门户网站——牛客中国，高峰时该网站的访问量可达百万人次。2007年，中至数据基于门户网站搭建上的经验，转向浏览器产品开发，最具代表性的便是一款具有全格式功能的浏览器，这款浏览器内置了非常多的格式，优化了原有浏览器功能。2009年，中至数据成立软件开发团队，专攻技术研发，尤其是软件产品的研发，大大提升了企业的技术研发水平。此时，中至数据已经具备较为成熟的广告联

盟开发技术、网站与软件研发技术，对技术不断进行改进。

在此阶段，中至数据技术创新具体体现在页面标签技术功能化、网站搭建技术实现化和软件开发技术专业化。相较于同行竞争对手，中至数据的技术创新不算是最早的，百度、腾讯等公司都走在行业前列。此阶段，中至数据采用技术利用性创新战略，对现有市场中的技术不断改进，从而实现对技术的低端颠覆（如图 3 中②对应的实现过程）。具体而言，中至数据的技术利用性创新战略分为两个方面：第一，通过技术积累获取低端技术，2009 年以前，中至数据不断积累页面标签技术，为搭建门户网站与开发浏览器形成技术经验；第二，通过技术改进获取成熟技术，2009 年软件开发团队的成立提升了中至数据的技术水平，尤其在软件开发方面逐渐拥有了自主研发的能力。

3.1.3 市场创新阶段：通过市场探索性手段实现市场高端颠覆

2012 年，中至数据软件开发团队基于对市场的分析，搭建了 2217 网页游戏平台，主要代理大型网页游戏，平台上市以后，很快获得了部分著名网页游戏的代理权。2012 年左右，国内互联网行业蓬勃发展，但这也对中至数据的发展提出了新的挑战。为了转变企业发展方向，2013 年，中至数据将软件开发团队重组为桌游技术团队。团队首先研发了“智能决策云平台”“高性能云计算平台”两大云平台，在两大云平台的支持下中至数据研发了麻将类、棋牌类和益智类等手游产品，包括中至南昌麻将、中至二七王和中至象棋等数十种产品，并将这些手游产品置于自主搭建的中至游戏平台进行宣传推广，从而形成由 2217 网页游戏平台和中至手游平台组成的数字娱乐业务，该类业务也逐渐走向省外。2016 年，依托用户行为分析技术以及长期的技术积累，中至数据开始为原有客户提供精准的房产、通信和旅游等一站式综合性民生服务，通过行业 SaaS（software as a service，软件即服务）平台进行数字生活管理，较好地维护了与客户的关系。

此阶段，中至数据采用市场探索性创新战略，开发了一系列新产品，并逐步扩大产品市场份额，最终实现了对市场的高端颠覆（如图 3 中③对应的实现过程）。具体而言，中至数据的市场探索性创新战略分为两个方面：第一，开发新产品，此阶段，中至数据在技术成熟的基础上，研发了数十种桌游产品与民生服务产品，推动企业快速成长为互联网百强企业；第二，扩展市场范围，借助手游产品，中至数据开始将市场范围扩展至省外区域，如江苏等。

3.2 新市场下后发企业的颠覆式创新

与中至数据不同，易招标始终聚焦于新市场，创建时便构建了电子招标采购新行业，与传统招标采购企业区别开来，实现彻底颠覆。本文通过对易招标的归纳分析发现，在新市场下易招标在创新价值链不同阶段实现对在位企业的颠覆。在实现颠覆的过程中，易招标在创建时期便实现了颠覆，构建了全新的发展模式，能快速实现在新市场中的高端颠覆。结合易招标在不同创新价值链阶段的颠覆手段，本文将其颠覆实现过程分为三个阶段：通过资源利用性手段实现资源低端颠覆，通过技术探索性手段实现技术高端颠覆，通过市场探索性手段实现市场高端颠覆。表 5 列举了新市场下后发企业的颠覆式创新实现路径的主要特征与证据举例。

表 5　新市场下后发企业的颠覆式创新实现路径的主要特征与证据举例

阶段	维度	主要构念	典型证据援引
资源创新阶段	资源利用	资源获取	最初我们是从宝山钢铁股份有限公司（简称宝钢）内部创业的，加上上海宝信软件股份有限公司（简称宝信软件）的信息技术和东方钢铁电子商务有限公司（简称东方钢铁）的平台运营，再加上我们的核心管理团队，为专业提供电子招投标软件和互联网平台运营服务提供了资源基础（M1）
		资源运用	从宝钢独立出来后，我们首先做的就是将在宝钢得到的创业经验转化为实际的产品，所以我们自己开发了一套电子招标采购平台（M1）
技术创新阶段	技术探索	技术积累	我们最初的目标是打造第三方平台，例如，“招采进宝”这样的模式，如果一开始就打造第三方平台是不合适的，需要一定的技术积累，所以我们最初是从定制化招标采购入手的（M1）
		技术研发	我们从宝钢独立出来后，宝钢的系统我们就不能使用了，需要自己重新开发（M1） 在开标环节，我们以 flash 动画片的形式进行展示，形成网上虚拟开标大厅，这是行业中的首次（M1） 公司自主研发的全国首个纯第三方招标采购交易云平台“招采进宝”投入运营（M2） 全流程网上招投标平台入选上海市云计算创新成果（S1）
市场创新阶段	市场探索	开发新产品	“招采进宝”平台实现线上清标功能（S1） 智能客服系统正式启用，在山西交易平台、河北专区、深国投电子交易系统已投入使用（S1）
		扩大市场份额	旗下“招采进宝”平台在河北衡水和邢台、山西等多地市场占有率第一（M1） 为国家开发投资集团有限公司、武汉钢铁集团公司、浙江省能源集团有限公司、深圳国际招标有限公司、国家电力投资集团公司、国家开发投资集团有限公司、中国石油天然气集团有限公司、中国电子进出口有限公司、复星国际有限公司、亿利资源集团有限公司等大型机构建设电子招投标平台（S1）

3.2.1　资源创新阶段：通过资源利用性手段实现资源低端颠覆

易招标的资源创新主要集中在企业从宝钢独立之前。易招标创始团队最早在宝钢内部接触电子招标采购行业。在宝钢的支持下，创始团队能较为方便地收集行业发展信息与技术创新资源。与此同时，创始团队与宝信软件、东方钢铁等公司达成合作关系，借鉴其信息技术与平台运营经验，为易招标创建与电子招标采购平台搭建奠定了资源基础。

易招标的创建有其必然性，因为在公司创建之前，创始团队就已经做好了充足的准备，主要体现在知识创新上。此阶段，易招标采用资源利用性创新战略实现对资源的低端颠覆（如图 4 中④对应的实现过程）。具体而言，易招标的资源利用性创新战略体现在两个方面：第一，通过资源获取实现知识融合，在此阶段，易招标获取了多方资源，例如，宝钢的创业资源、宝信软件的技术资源、东方钢铁的运营资源等，并将多方资源融合发展为自己的资源；第二，通过资源转化实现技术转化，在获取多方资源实现知识融合后，易招标将其转化为实际的电子招标采购平台技术，为易招标的成立做足了准备。

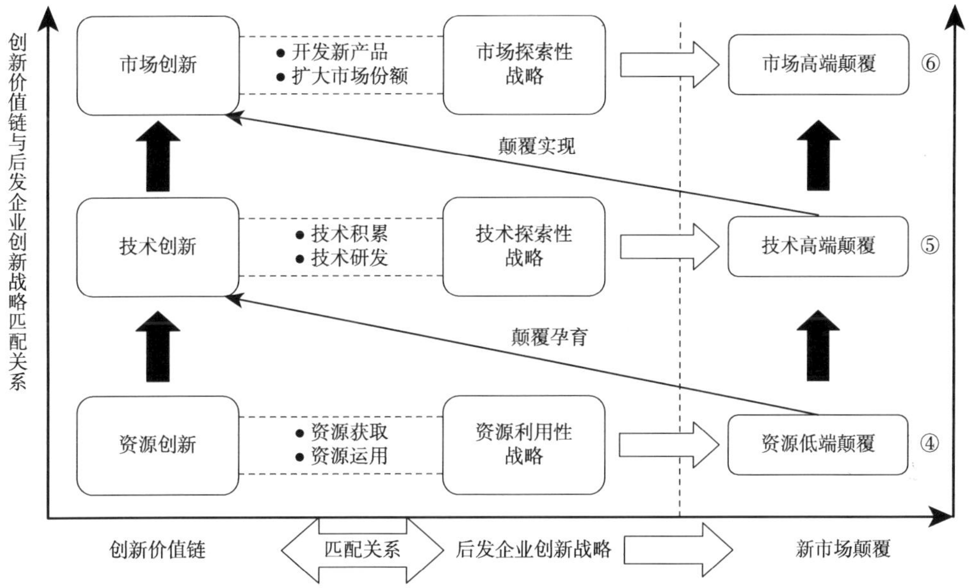

图 4　新市场下后发企业的颠覆式创新

（1）④⑤⑥表示新市场下后发企业实现颠覆式创新的具体路径。（2）匹配关系：新市场下后发企业在不同创新价值链阶段会选择不同的创新战略。（3）颠覆孕育：新市场下后发企业开始进行颠覆式创新。颠覆实现：新市场下后发企业实现颠覆式创新

3.2.2　技术创新阶段：通过技术探索性手段实现技术高端颠覆

易招标在这一阶段主要通过自主研发的方式实现技术探索。具体体现在两个方面：首先，在成立初期，易招标创始团队自主搭建了一套完整的网上招投标平台。由于该平台极大便利了企业招投标，2012 年该平台便入选上海市云计算创新成果。其次，2014 年易招标自主研发的第三方招标采购交易云平台“招采进宝”投入运营。该平台是国内首屈一指的电子化第三方交易平台，实现了公共资源交易全过程的无纸化、规范化、阳光化。与此同时，2019 年，借助智能技术，易招标智能客服系统正式启用，提升了平台服务水平。

此阶段，易招标采用技术探索性创新战略，通过自主研发的方式实现对技术的高端颠覆（如图 4 中⑤对应的实现过程）。具体而言，易招标的技术探索性创新战略分为两个方面：第一，通过技术积累实现技术转化，此阶段，易招标经历了两次技术积累，一次是在宝钢创业时期，另一次是公司创建至“招采进宝”投入运营时期，两次技术积累都推动了易招标将技术转化为实际成果；第二，通过技术研发构建全新技术体系，从宝钢独立出来的易招标研发了一套功能更完善的电子招标采购平台，为打开电子招标采购市场提供了强大的技术支持，创建的“招采进宝”旨在实现招标采购资源的共享，推动易招标新市场的开拓。

3.2.3 市场创新阶段：通过市场探索性手段实现市场高端颠覆

在易招标成立前，宝钢等企业已经开始发展电子招标采购业务，易招标从宝钢独立出来后，前期专注于不断改善重新研发的电子招投标产品。为了打开电子招投标市场，易招标采用“先高端市场，后中低端市场”的创新策略，即先为大型企业尤其是大型央企提供专业服务，后为中小型民办企业服务，很快便占据了绝大部分央企市场。易招标一方面将业务从原有的电子招标采购整体解决方案转向第三方交易平台，旨在建设成为共享性的平台企业；另一方面将市场范围延伸至山东、河北、山西、福建等地，并在这些区域实现了50%以上的市场占有率，逐渐成为行业领先者。

此阶段，易招标采用市场探索性创新战略，打造全新的市场格局，逐步实现对市场的高端颠覆（如图4中⑥对应的实现过程）。具体而言，易招标的市场探索性创新战略分为两个方面：第一，开发新产品，调研访谈期间，公司高管普遍认为电子招标采购行业正进入激烈竞争的阶段，面对这一市场讯息，易招标走在行业前面，正在布局新产品——第三方招标交易平台，以共享的方式为客户、企业与社会创造价值。第二，扩大市场份额，首先，易招标从大型企业入手，形成品牌效应；其次，将公司产品延伸至其他区域，并掌控绝对市场占有率。

4 案例讨论

在位企业为什么会被后发企业击败？因为后发企业的创新路径具有差异性，使得在位企业难以识别。颠覆式创新是后发企业超越在位企业的一大重要方法[7]，并为后发企业指明了两条创新路径，即现有市场颠覆与新市场颠覆。现有研究从不同角度探讨了后发企业颠覆式创新类型及概念[39]，均聚焦于宏观层面的研究，对于后发企业实现颠覆式创新过程中的具体实现路径与战略选择尚属于未探索的议题。

本文基于创新价值链理论，通过对中至数据与易招标两家企业的案例对比分析，发现利用性创新战略和探索性创新战略与创新价值链的匹配有助于后发企业实现颠覆式创新，由此构建了后发企业颠覆式创新实现机制的理论模型（图5）。本文研究发现：第一，后发企业聚焦于现有市场与新市场，实现从低端到高端的颠覆式创新；第二，现有市场下后发企业创新价值链与创新战略的匹配关系分为三种，即资源创新与资源利用性创新战略匹配、技术创新与技术利用性创新战略匹配、市场创新与市场探索性创新战略匹配，进而实现在现有市场中的延续型颠覆式创新；第三，新市场下后发企业创新价值链与创新战略的匹配关系也分为三种，即资源创新与资源利用性创新战略匹配、技术创新与技术探索性创新战略匹配、市场创新与市场探索性创新战略匹配，进而实现在新市场中的突变型颠覆式创新。

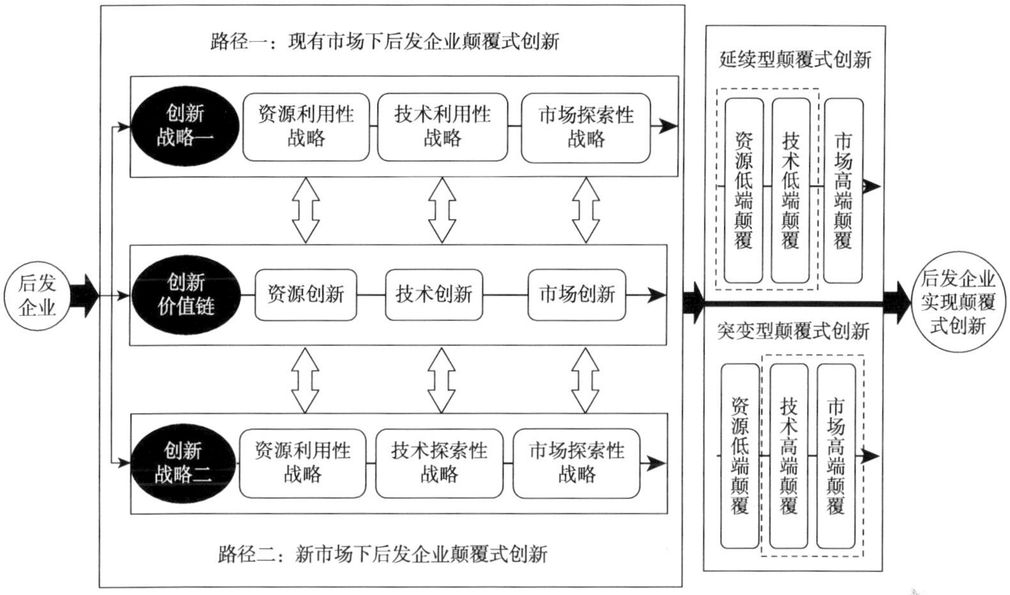

图 5　后发企业颠覆式创新实现机制

4.1　后发企业创新战略与创新价值链匹配关系

资源、技术和市场是后发企业开展颠覆式创新活动的根蒂[40]，处于动态的社会发展环境下，后发企业需结合发展阶段制订合理的创新战略[41, 42]。现有研究表明，技术与市场的双向互动为后发企业创新活动营造了良好的环境[5]。本文研究表明，后发企业创新战略除了技术与市场战略外，还应包括资源战略，三者的协同发展支撑起后发企业的创新活动。

由于后发企业市场聚焦战略的差异性，后发企业选择不同的市场进入方式[21]，也影响了后发企业在不同市场中的创新战略。具体而言，现有市场下，后发企业与在位企业之间存在较大的差距，后发企业落后于在位企业[43]，只能选择在位企业忽视的市场空间生存与发展。在这样的背景下，后发企业受限于资源与技术限制，需经历较长的时间实现对现有市场的彻底颠覆。因此，现有市场下后发企业创新战略与创新价值链存在三种匹配关系：资源创新与资源利用性创新战略匹配、技术创新与技术利用性创新战略匹配、市场创新与市场探索性创新战略匹配。

与现有市场不同，新市场留给后发企业巨大的发展空间[7]，同时，有很少的在位企业与后发企业竞争市场份额[6]，新市场下后发企业可以大胆创新从而快速实现对在位企业的彻底颠覆。因此，在新市场中，后发企业更早采用探索性创新战略，对企业发展进行全方位改造。基于此，新市场下后发企业创新战略与创新价值链也存在三种匹配关系：资源创新与资源利用性创新战略匹配、技术创新与技术探索性创新战略匹配、市场创新与市场探索性创新战略匹配。

4.2 后发企业创新战略与创新价值链匹配关系对颠覆式创新的影响

颠覆式创新要求后发企业从创新管理层面改进或重构企业获利模式[1]。现有研究着眼于后发企业颠覆式创新类型、概念等[39]，对后发企业颠覆式创新实现机制研究较少。本文结合中至数据与易招标两家企业颠覆式创新实现路径，提炼概括出后发企业颠覆式创新实现机制，发现后发企业创新战略与创新价值链的匹配关系决定了后发企业颠覆式创新的实现路径。

本文研究表明，后发企业有两条实现颠覆式创新的路径，即现有市场下后发企业的延续型颠覆式创新与新市场下后发企业的突变型颠覆式创新。在两条颠覆式创新实现路径中，后发企业创新战略与创新价值链的匹配关系存在差异，这种差异性进一步导致后发企业颠覆式创新具体实现机制的差异性。具体而言，现有市场下后发企业在资源创新、技术创新与市场创新阶段分别采用利用性创新战略和探索性创新战略，以利用性创新战略为主，利用性创新战略较温和，是一种改进策略[26]。所以，现有市场下后发企业需经历较长时间实现从低端到高端的颠覆，前期以积累为主，后期才会改变市场格局，属于延续型颠覆式创新。

新市场下后发企业在资源创新、技术创新与市场创新阶段分别采用利用性创新战略和探索性创新战略，以探索性创新战略为主，探索性创新战略本身具有较强的颠覆性，旨在创造全新的技术、市场等。所以，新市场下后发企业可以快速实现从低端到高端的颠覆，经过前期的资源获取与运用，到了中期便实现技术的高端颠覆，属于突变型颠覆式创新。

5 研究总结

本文研究的理论价值体现在两个方面：第一，推进了后发企业颠覆式创新研究微观化。现有研究对于后发企业颠覆式创新的分析，聚焦于一般意义层面，缺少对颠覆式创新具体实现机制的研究。本文基于创新价值链视角，将案例企业的创新划分为资源创新、技术创新与市场创新三个微观阶段，并与后发企业的创新战略结合分析，发现二者的匹配关系对后发企业实现颠覆式创新具有重要的作用。第二，促进了后发企业颠覆式创新实现机制精细化。现有研究表明，后发企业具有两条颠覆式创新实现路径，即现有市场颠覆与新市场颠覆[3, 6]，但对后发企业该如何选择这两条路径以及后发企业选择这两条路径后该如何实施等具体问题研究较少。本文通过对中至数据与易招标两家企业的案例对比分析，建立了后发企业颠覆式创新实现机制模型框架，并发现，现有市场下的后发企业在资源创新与技术创新阶段选择资源和技术利用性创新战略，市场创新阶段采用市场探索性创新战略，需花费较长时间实现颠覆，属于延续型颠覆式创新；新市场下后发企业在资源创新阶段采用资源利用性创新战略，在技术与市场创新阶段，采用技术与市场探索性创新战略，在发展中期便已实现从低端颠覆向高端颠覆的转变，属于突变型颠覆式创新，从理论层面深化了后发企业颠覆式创新实现机制。另外，本文提出了两种类型的颠覆式创新，即延续型颠覆式创新与突变型颠覆式创新，这两类颠覆式创新均经历从低端颠覆到高端颠覆的过程，这与现有研究结论一致[3, 13]。颠覆的属性与特点决定了企业不可能在发展初期便实现颠覆式创新，即前期型颠覆式创新是不存在的，这进一步深化了颠覆式创新理论。

本文为后发企业实现颠覆式创新提供了以下启示：第一，后发企业应根据自身发展情况选择合适的颠覆式创新实现路径。本文研究发现后发企业可以选择现有市场延续型颠覆式创新与新市场突变型颠覆式创新两条路径，对于具有深厚技术底蕴或先天优势的后发企业可以选择新市场突变型颠覆式创新，以快速获取竞争优势，超越在位企业；对于创建时没有任何优势或优势较少的后发企业，可以选择现有市场延续型颠覆式创新，注重技术积累，以获取一定的市场份额。第二，后发企业选定颠覆式创新实现路径后，需明确在不同阶段的创新战略部署。对于现有市场下的延续型颠覆式创新，后发企业在不同创新阶段，以利用性创新战略为主，在后期辅之以探索性创新战略；对于新市场下的突变型颠覆式创新，后发企业在不同创新阶段，以探索性创新战略为主，辅之以利用性创新战略。

参考文献

[1] Christensen C M. The Innovator’s Dilemma：When New Technologies Cause Great Firms to Fail[M]. Boston：Harvard Business School Press，1997.

[2] 吴晓波，付亚男，吴东等. 后发企业如何从追赶到超越?——基于机会窗口视角的双案例纵向对比分析[J]. 管理世界，2019，35（2）：151-167，200.

[3] Adner R. When are technologies disruptive？A demand-based view of the emergence of competition[J]. Strategic Management Journal，2002，23（8）：667-688.

[4] 冯立杰，杜靖宇，王金凤，等. 颠覆式创新视角下后发企业价值网络演变路径[J]. 科学学研究，2019，37（1）：175-183.

[5] 薛捷. 技术-市场双元性组合对破坏性创新的影响——以科技型小微企业为研究对象[J]. 科研管理，2019，40（3）：10-20.

[6] Christensen C M，Raynor M E，Mcdonald R. What is disruptive innovation?[J]. Harvard Business Review，2015，93（12）：44-53.

[7] Druehl C T，Schmidt G M. A strategy for opening a new market and encroaching on the lower end of the existing market[J]. Production and Operations Management，2008，17（1）：44-60.

[8] Hansen M T，Birkinshaw J. The innovation value chain[J]. Harvard Business Review，2007，85（6）：121-130，142.

[9] 刘静，范景明. 创新价值链视角下中国互联网企业产品创新机制研究——基于腾讯 1998—2016 嵌套式多案例分析[J]. 科研管理，2019，40（5）：35-46.

[10] 王伟光，张钟元，侯军利. 创新价值链及其结构：一个理论框架[J]. 科技进步与对策，2019，36（1）：36-43.

[11] Ganotakis P，Love J H. The innovation value chain in new technology-based firms：evidence from the U. K. [J].

Journal of Product Innovation Management，2012，29（5）：839-860.

[12] Roper S，Arvanitis S. From knowledge to added value：a comparative，panel-data analysis of the innovation value chain in Irish and Swiss manufacturing firms[J]. Research Policy，2012，41（6）：1093-1106.

[13] Christensen C M，McDonald R，Altman E J，et al. Disruptive innovation：an intellectual history and directions for future research[J]. Journal of Management Studies，2018，55：1043-1078.

[14] Luo Y D，Tung R L. International expansion of emerging market enterprises：a springboard perspective[J]. Journal of International Business Studies，2007，38（4）：481-498.

[15] 吴先明，高厚宾，邵福泽. 当后发企业接近技术创新的前沿：国际化的"跳板作用"[J]. 管理评论，2018，30（6）：40-54.

[16] Lee K，Lim C. Technological regimes，catching-up and leapfrogging：findings from the Korean industries[J]. Research Policy，2001，30（3）：459-483.

[17] Miao Y Z，Song J，Lee K，et al. Technological catch-up by east Asian firms：trends，issues and future research agenda[J]. Asia Pacific Journal of Management，2018，35（3）：639-669.

[18] 仝自强，李鹏翔，陶建强. 后发企业如何从颠覆性技术中获取价值？[J]. 科学学研究，2019，37（6）：1053-1061.

[19] 杜义飞，王建刚，赵鹏飞. 新兴市场中后发企业吸收能力的过程与困境研究——基于纵向事件路径分析[J]. 管理案例研究与评论，2017，10（2）：162-177.

[20] 彭新敏，郑素丽，吴晓波，等. 后发企业如何从追赶到前沿？——双元性学习的视角[J]. 管理世界，2017，（2）：142-158.

[21] 胡晓娟，黄永春. 后发企业进入战略性新兴产业的赶超路径与追赶绩效——价值网络中心性与赶超时机的调节作用[J]. 科学学与科学技术管理，2016，37（3）：97-105.

[22] Kim L. Imitation to Innovation：The Dynamics of Korea's Technological Learning[M]. Boston：Harvard Business School Press，1997.

[23] 张伟，汪涛. 如何应对非正式竞争?不同产品创新战略及其对企业绩效的影响[J]. 管理评论，2019，31（5）：89-99.

[24] 梁冰，张凤杰，陈继祥. 颠覆性创新与后发企业跨越式发展[J]. 技术经济与管理研究，2008，（4）：24-26.

[25] Minin A D，Zhang J Y，Gammeltoft P. Chinese foreign direct investment in R&D in Europe：a new model of R&D internationalization?[J]. European Management Journal，2012，30（3）：189-203.

[26] Sudhir K. The exploration-exploitation tradeoff and efficiency in knowledge production[J]. Marketing Science，2016，35（1）：1-9.

[27] Sohn E，Chang S Y，Song J. Technological catching-up and latecomer strategy：a case study of the Asian shipbuilding industry[J]. College of Business Administration，2009，15（2）：25-57.

[28] Gupta A K，Smith K G，Shalley C E. The interplay between exploration and exploitation[J]. Academy of Management Review，2006，49（4）：693-706.

[29] 李永发，罗媞. 初创企业未获取价值与商业模式创新[J]. 科技进步与对策，2019，36（11）：25-33.

[30] 李新宁. 创新价值链构建的战略路径与发展逻辑[J]. 技术经济与管理研究，2018，（1）：24-30.

[31] 余泳泽，刘大勇. 我国区域创新效率的空间外溢效应与价值链外溢效应——创新价值链视角下的多维空间面板模型研究[J]. 管理世界，2013，（7）：6-20，70，187.

[32] Eisenhardt K M，Graebner M E. Theory building from cases：opportunities and challenges[J]. Academy of Management Journal，2007，50（1）：25-32.

[33] 胡海波，卢海涛. 企业商业生态系统演化中价值共创研究——数字化赋能视角[J]. 经济管理，2018，40（8）：55-71.

[34] Pan S L，Tan B. Demystifying case research：a structured–pragmatic–situational（SPS）approach to conducting case studies[J]. Information and Organization，2011，21（3）. 161-176.

[35] 李高勇，毛基业. 案例选择与研究策略——中国企业管理案例与质性研究论坛（2014）综述[J]. 管理世界，2015，（2）：133-136.

[36] Miles M B，Huberman A M. Qualitative Data Analysis：An Expanded Sourcebook[M]. Thousand Oaks：Sage Publications，1994.

[37] 肖静华，吴瑶，刘意等. 消费者数据化参与的研发创新——企业与消费者协同演化视角的双案例研究[J]. 管理世界，2018，34（8）：154-173，192.

[38] 朱晓红，陈寒松，张腾. 知识经济背景下平台型企业构建过程中的迭代创新模式——基于动态能力视角的双案例研究[J]. 管理世界，2019，35（3）：142-156，207-208.

[39] 王丽，施建军，邓宏，等. 颠覆式创新：一个文献综述[J]. 现代管理科学，2016，（2）：3-5.

[40] Christensen C M. The ongoing process of building a theory of disruption[J]. Journal of Product Innovation Management，2006，23（1）：39-55.

[41] Rindova V P，Kotha S. Continuous "morphing"：competing through dynamic capabilities，form，and function[J]. Academy of Management Journal，2001，44（6）：1263-1280.

[42] 肖延高，刘佳佳. 新兴技术轨道情境下在位后发企业的创新战略及其影响因素——来自丝丽雅、长虹、美的和华为的案例[J]. 创新与创业管理，2017，（1）：142-160.

[43] Kumaraswamy A，Garud R，Ansari S. Perspectives on disruptive innovations[J]. Journal of Management Studies，2018，55：1025-1042.

How Can Latecomer Firms Achieve Disruptive Innovation: A Comparative Case Study Based on Innovation Value Chain

Hu Haibo，Mao Chunbing，Lu Haitao，Fei Meiju

（School of Business Administration，Jiangxi University of Finance and Economics，Nanchang 330032，China）

Abstract: From the perspective of innovation value chain theory，based on the three matching relationships between innovation strategies and innovation value chain of latecomers in two markets, this paper draws the following conclusions: in current market, the latecomer firms take the use of exploitative innovation strategy as the main strategy, supplemented by exploratory innovation strategy, and need to experience a long time to achieve continuing-disruptive innovation; in new market, the latecomer firms take exploratory innovation strategy as the main strategy, supplemented by the use of exploitative innovation strategy, and can quickly realize the mutant-disruptive innovation.

Keywords: disruptive innovation; innovation value chain; latecomer firms; realization mechanism